# LES COMMENCEMENTS

## DE

# L'INDO-CHINE

## FRANÇAISE

D'APRÈS LES ARCHIVES DU MINISTÈRE DE LA MARINE ET DES COLONIES,
LES MÉMOIRES OU RELATIONS DU TEMPS

PAR

## ALBERT SEPTANS

CAPITAINE D'INFANTERIE DE MARINE, BREVETÉ D'ÉTAT-MAJOR

PARIS

CHALLAMEL AINÉ, LIBRAIRE-ÉDITEUR

5, Rue Jacob, 5

—

1887

# LES COMMENCEMENTS

DE

## L'INDO-CHINE FRANÇAISE

# LES COMMENCEMENTS

## DE

# L'INDO-CHINE FRANÇAISE

D'APRÈS LES ARCHIVES DU MINISTÈRE DE LA MARINE ET DES COLONIES,
LES MÉMOIRES OU RELATIONS DU TEMPS

PAR

## ALBERT SEPTANS

CAPITAINE D'INFANTERIE DE MARINE, BREVETÉ D'ÉTAT-MAJOR

PARIS

CHALLAMEL AINÉ, LIBRAIRE-ÉDITEUR

5, Rue Jacob, 5

1887

# PRÉFACE

En publiant cette étude, nous n'avons poursuivi qu'un but : démontrer que la politique, qui nous a amenés en Indo-Chine, est une politique traditionnelle, nationale même. Les vues du gouvernement français sur l'Inde transgangétique datent de la seconde moitié du XVIIe siècle, de la tentative d'établissement au Siam par Louis XIV. Sous les successeurs du grand roi, les rapports ou mémoires des missionnaires, officiers ou agents de la Compagnie des Indes Orientales concluaient tous à l'établissement de loges ou comptoirs *à la Cochinchine*, comme on disait alors. Le traité du 17 novembre 1787 faillit placer l'Annam sous notre protectorat. Après la Révolution, la haine de l'Angleterre poussait quelques officiers à réclamer la création d'arsenaux dans les mers de Chine pour combattre notre ennemie héréditaire. Les gouvernements pacifiques de Louis XVIII et de Louis-Philippe reprirent en main la politique du comte de Montmorin. Il était réservé au gouvernement de Napoléon III de prendre définitivement pied en Indo-Chine, non sans de nombreuses tergiversations, surtout après la signature du traité du 5 juin 1862 : le marquis de Chasseloup-Laubat et l'amiral de la Grandière sauvèrent les premiers jours de l'Indo-Chine française.

Pour rédiger cette partie de notre histoire coloniale, nous avons eu recours aux Archives du ministère de la marine et des colonies, aux relations ou mémoires du temps et aux travaux d'officiers ou de fonctionnaires ayant participé à la conquête de la Cochinchine : MM. le capitaine de frégate Vial, directeur de l'intérieur sous l'amiral de la Grandière ; le capitaine de vaisseau Rieunier, aujourd'hui contre-amiral, qui, comme simple lieutenant de vaisseau, fut, au lendemain du traité du 5 juin 1862, l'un des plus actifs défen-

seurs de notre nouvelle possession ; le lieutenant
de vaisseau de Varannes, aide-de-camp de l'Empereur, qui avait reçu en 1867 la mission « extraordinaire de visiter la colonie, d'en examiner les
ressources et la constitution » ; Léopold Pallu,
l'historien de *l'Expédition de Cochinchine* ; de
Carné, attaché aux affaires étrangères, le compagnon de Doudart de Lagrée et de Francis Garnier ;
les PP. Bouillevaux et Launay, etc.

Nous ne pouvions parler de l'intervention française au Tonkin : nous n'avons cherché dans certaines clauses du traité du 15 mars 1874 que la
sanction de l'occupation des provinces occidentales en 1867. La dernière tentative de Tuduc,
près de l'amiral Cornulier de Lucinière, pour rentrer en possession de la Basse- Cochinchine, nous
a paru devoir clore *Les Commencements de l'Indo-
Chine française.*

Nantes, le 29 avril 1887.

ALBERT SEPTANS.

# LES COMMENCEMENTS

## DE

# L'INDO-CHINE FRANÇAISE

## CHAPITRE PREMIER

### LES PREMIÈRES ÉTAPES VERS L'INDO-CHINE

Retard des Français dans les entreprises maritimes des XVᵉ et XVIᵉ siècles en Extrême-Orient. — Déclarations de François Iᵉʳ (1537 et 1543). — Edit de Henri III (15 décembre 1578). — Arrêt de Henri IV (1ᵉʳ juin 1604), Gérard Leroy : Godefroy : Muisson et Canis. — Richelieu et Colbert. — Compagnie des Indes (août 1664). — Caron et Marcara Avanchinz. — Compagnie de la Chine (15 avril 1660). — Pondichéry, centre de l'influence française en Extrême-Orient.

Les Français, qui se sont si hardiment lancés sur l'Atlantique, dans les entreprises maritimes des XVᵉ et XVIᵉ siècles, ont été devancés par tous les autres peuples de l'Europe dans la grande poussée des nations occidentales vers l'Extrême-Orient : on est tout d'abord surpris de constater ce retard considérable de la France. « Le Portugal, la Hollande et l'Angleterre avaient déjà recueilli des profits considérables de leurs entreprises avant que l'attention du peuple français eût été suffisamment attirée vers ce but (1). »

(1) *Histoire des Français dans l'Inde ;* colonel Malleson, 1874.

Dès 1489, en effet, le Portugais Pierre de Covilham avait fait son premier voyage dans l'Inde par la Méditerranée, l'Egypte et l'Océan Indien. Dès 1498, Vasco de Gama et Cabral avaient doublé le cap de Bonne-Espérance : Siam, Sumatra, les Philippines, la Chine et le Japon avaient été visités par les Hollandais et les Portugais ; ces derniers, en 1552, avaient même abordé aux côtes du Cambodge et du Ciampa et découvraient, en 1570, les fameuses ruines d'Angkor-Wat (1). En 1641, la Compagnie hollandaise des Indes envoyait au Laos une ambassade dirigée par Van Vusthof.

A cette époque, la France ne pouvait guère songer sérieusement aux entreprises lointaines : François I<sup>er</sup> luttait contre la Maison d'Autriche, Henri III contre les Huguenots et Henri IV enlevait sa couronne à la pointe de l'épée. « Cette indifférence de la France doit être attribuée bien moins à un manque d'initiative de la nation elle-même qu'aux folles distractions dans lesquelles se plongeait son gouvernement. Une époque, dans laquelle les guerres civiles et les guerres étrangères désolaient alternativement le pays, n'était guère favorable au développement du commerce avec les contrées lointaines. Cependant, malgré l'agitation des temps et les vices inhérents au gouvernement, des aspirations vers le commerce étranger se manifestèrent de bonne heure chez les Français. En 1503, sous Louis XII, deux navires affrétés par des marchands de Rouen, furent expédiés vers les mers de l'Inde ; mais on n'eut jamais de nouvelles de cette

_____

(1) *Exposé chronologique des relations du Cambodge avec le Siam, l'Annam et la France ;* Charles Lemire, 1879.

expédition partie du Havre dans le courant de l'année (1). »

Les rois de France, toutefois, n'étaient pas absorbés par leurs guerres intérieures ou extérieures au point de ne pas être mis en éveil par les audacieuses entreprises de leurs voisins. Quelques tentatives privées avaient d'ailleurs déjà eu lieu ; en 1535, quelques négociants de Rouen avaient hasardé un faible armement ; le sieur Genonville, qui le commandait, supporta de violentes tempêtes dans les parages du Cap de Bonne-Espérance et eut bien de la peine à regagner l'Europe.

François I<sup>er</sup>, par ses Déclarations de 1537 et de 1543, et Henri III, par son édit du 15 décembre 1578, invitèrent leurs sujets à suivre l'exemple des Portugais et des Hollandais.

En 1601, une Société se forma donc en Bretagne et arma deux navires, commandés par Pyrard, qui put aborder aux Maldives et ne revint en France qu'après dix ans d'une navigation malheureuse (2). Un Flamand, Gérard Leroy, qui avait fait quelques voyages sur des vaisseaux hollandais, se présenta comme pilote à une Compagnie qui se montait sous la protection de Henri IV. Par son arrêt du 1<sup>er</sup> juin 1604, le Roi accordait à cette Compagnie les frais et avances nécessaires, un port, des exemptions et des privilèges ; de plus, l'édit spécifiait que les membres de la noblesse pouvaient, sans déroger, entrer dans l'association.

Malgré l'appui du pouvoir royal, cette Compagnie ne réussit même pas à se former. Gérard renouvela sa tentative sous Louis XIII ; il s'était associé avec le

(1) Colonel Malleson, *déjà cité.*
(2) *Histoire physique et politique des Indes ;* Raynal, 1774.

sieur Godefroy, trésorier à Limoges, et quelques autres Français. Le Roi, par lettres patentes du 2 mars 1611, leur accorda pour douze ans toutes les facilités qu'ils demandaient. Comme ils tardaient à organiser une expédition, deux marchands de Rouen, Muisson et Canis, sollicitèrent du Roi les mêmes privilèges, offrant de prendre la mer dès l'année 1615. Louis XIII, par lettres patentes du 2 juillet 1615, enregistrées au Parlement le 2 septembre suivant, associa Canis et Muisson à Gérard et Godefroy.

La nouvelle Compagnie arma deux navires, commandés par les sieurs de Nets et Antoine Beaulieu; ces navires, partis en 1616, touchèrent à Java. Le gouverneur hollandais, poussé par la jalousie, ordonna aux matelots de sa nationalité, au service des Français, de quitter immédiatement leurs bords. Les équipages se trouvèrent ainsi réduits au point que Beaulieu se vit forcé de vendre son bâtiment et de passer à bord de celui de de Nets. Malgré ce contre-temps, l'expédition réussit assez bien pour que la Compagnie armât encore, en 1619, trois vaisseaux, le *Montmorency*, de 450 tonneaux, avec 117 hommes d'équipage et 22 canons; l'*Espérance*, de 400 tonneaux, avec même effectif et 26 canons; l'*Ermitage*, de 75 tonneaux, avec 30 hommes d'équipage et 8 canons. Beaulieu prit le commandement de cette escadrille, qui partit de Honfleur le 2 octobre 1619, et put successivement aborder à Atchin et à Java, où l'*Espérance* sombra avec tout son équipage et une cargaison de 70,000 livres sterling environ. Beaulieu regagna la France et arriva au Havre le 1er décembre 1620 (1).

(1) Colonel Malleson, *déjà cité.*

Une nouvelle Compagnie obtint, le 24 juin 1642, du cardinal de Richelieu, surintendant du commerce et de la navigation, le monopole du commerce à Madagascar. Ce privilège fut confirmé par le Conseil de Régence de Louis XIV, le 30 septembre 1643. A l'expiration des privilèges, le duc de la Meilleraye, voulant faire sa cour au Roi, organisa des expéditions à ses propres frais (1).

Dans la suite, Colbert employa tous les moyens pour décider ses compatriotes à continuer le commerce aux Indes : il chargea même un membre de l'Académie française, M. Charpentier, « l'une des meilleures plumes qu'il y eût à Paris, » de rédiger un mémoire dans lequel il ferait ressortir les avantages et bénéfices que la Compagnie des Indes pourrait réaliser à Madagascar. « Il n'y eut pas obligation formelle de demander des actions dans la nouvelle Compagnie, mais on sut bientôt que c'était le meilleur moyen de faire sa cour... Un jour, le chancelier Séguier invita, d'après les ordres du Roi, toute la Chambre de Justice à prendre des actions ; et comme quelques membres y étaient peu disposés ou faisaient des observations, il les regarda de travers... (2) »

L'édit d'organisation de la nouvelle Compagnie date du mois d'août 1664 ; malgré tous les efforts de Colbert, elle ne put prospérer « par suite du manque d'intelligence et de probité de ses agents, du libertinage, de l'oisiveté et de l'insolence des premiers colons. » (3)

Deux étrangers conseillèrent alors à la Compagnie

(1) *Histoire des Indes orientales ;* abbé Guyon, 1764.
(2) *Vie et administration de Colbert ;* P. Clément, 1846.
(3) **Raynal,** *déjà cité.*

de pousser ses expéditions vers l'Hindoustan : c'étaient un nommé Caron, qui avait été président de la République hollandaise au Japon, et un Persan, Marcara Avanchinz, négociant aux Indes. Colbert donna même à ce dernier le titre de conseiller souverain de l'île Dauphine (Madagascar) et directeur de tous les comptoirs de la Compagnie dans les Indes, la Perse et les pays du Sud.

Dans son *Histoire politique et philosophique des Indes*, Raynal présente Caron sous un jour peu favorable : « C'était un négociant français vieilli au service de la Compagnie de Hollande... Cet habile homme s'était rendu agréable à l'empereur du Japon et avait obtenu la permission de bâtir, dans l'île où il habitait, une maison pour le compte de ses maîtres. Ce bâtiment devint un château, sans aucune défiance des naturels du pays qui n'entendaient rien aux fortifications. Ils surprirent des canons qu'on envoyait de Batavia et instruisirent la cour de ce qui se passait. Caron reçut ordre d'aller à Yeddo rendre compte de sa conduite. Comme il ne put alléguer rien de raisonnable pour sa justification, il fut traité avec beaucoup de sévérité et de mépris ; on lui arracha poil à poil la barbe ; on lui mit un bonnet de fou ; on l'exposa en cet état à la risée publique et il fut chassé de l'empire. L'accueil qu'il reçut à Java, acheva de le dégoûter des intérêts qu'il avait embrassés et un motif de vengeance l'attacha à la Compagnie française. »

D'après le colonel Malleson, les antécédents de Caron étaient loin d'être aussi déplorables : « Quoique d'origine française, écrit l'auteur des *Français dans l'Inde*, Caron était né en Hollande et avait passé de nombreuses années au service de la République hollandaise. Tout jeune encore, il avait été employé comme second cuisinier à bord d'un vaisseau de guerre hollandais à destination du Japon, et dans le cours du voyage, il avait montré tant d'intelligence, qu'il fut élevé au poste de commis aux vivres. Il consacra à l'étude de l'arithmétique les loisirs que lui laissait son emploi, et dès qu'il fut arrivé au Japon, il s'appliqua à l'étude des langues du pays dont il acquit bientôt assez de connaissance pour traiter lui-même les affaires... Il fut peu après nommé membre du Conseil général d'administration et directeur du commerce ; mais, non content de ces distinctions, il demanda un poste plus important à Batavia et fut refusé. Là-dessus Caron, n'écoutant que sa colère, se démit immédiatement des fonctions qu'il tenait des Hollandais et offrit ses services à Colbert. » La version du colonel Malleson est plus admissible que celle de Raynal.

Tels furent les deux premiers agents de la France aux Indes : les premiers vaisseaux arrivèrent le 13 février 1668 à Surate, où Baron, ancien consul d'Alep, fut installé comme directeur. Les transactions de Caron obtinrent un tel succès que Louis XIV lui conféra l'ordre de Saint-Michel.

Colbert créa en outre une Compagnie de la Chine : un négociant de Rouen, Fermanel, avait pris l'initiative de l'entreprise dont les articles furent réglés le 15 avril 1660 ; ces articles stipulaient qu'on débarquerait des évêques et des missionnaires au Tonkin, en Cochinchine ou en Chine, « à leur choix. » Les prélats devaient « veiller à ce que l'on ne détournât rien des fonds de la Compagnie et qu'il fût tenu bon registre

des ventes et achats par les commis. Ils pourraient
faire donner de l'argent à ceux-ci pour des besoins
extraordinaires, et pour aller, s'il le fallait, dans les
terres, connaître et apprendre le commerce (1). »

La présence, à la tête de la Compagnie, d'ecclésiastiques, chargés à la fois du temporel et du spirituel,
ne doit pas surprendre ; dans toutes les expéditions
coloniales, organisées par Louis XIV, la gloire de
Dieu et la propagation de la foi étaient l'objectif principal. Les intérêts commerciaux venaient en second
lieu. Il convient cependant d'ajouter que les évêques
français de Siam usèrent de toute leur influence près
des Directeurs de la Compagnie des Indes pour les
déterminer à entrer en relations avec les souverains
du Cambodge et de l'Annam. Pondichéry fut, dans
les commencements, le centre de rayonnement de
l'influence française en Indo-Chine ; ce sera, jusqu'à
la Révolution, notre base d'opérations au triple point
de vue religieux, commercial et militaire. Martin,
directeur de la Compagnie, avait fondé Pondichéry
en même temps que Baron fondait Surate. « Tous
deux étaient faits pour s'entendre et se comprendre.
Ils ne voulaient pas que la France bornât ses efforts
à l'Indoustan ; l'Indo-Chine avait attiré leur attention (1). » Leurs efforts se portèrent tout naturellement
vers la côte occidentale de la presqu'île de Malacca,
dont l'État le plus important était alors le royaume de
Siam.

---

(1) Abbé Guyon, déjà cité.
(2) *Les relations de la France avec le Tong-Kin et la Cochinchine,*
Castonnet-Desfossés, 1883.

# CHAPITRE II

## LES PREMIÈRES RELATIONS ENTRE LA FRANCE
## ET LE SIAM

Les évêques français à Siam : Pallu et La Mothe-Lambert (1662). Intervention des Portugais. — Voyage de Pallu en Europe (1665-1673); son retour à Siam : lettre de Louis XIV. — Deslandes à Siam et à Singapoore (1680). — Première ambassade siamoise : elle se perd au Cap de Bonne-Espérance (1680). — Constantin Phaulcon. — Deuxième ambassade siamoise (1684). — Première ambassade française : Chaumont et le P. Tachard. — Concessions faites à la France. — Troisième ambassade siamoise (1686) : fêtes à Paris. — Deuxième ambassade française : la Loubère et Ceberet (1687). — Ceberet et La Loubère quittent Siam (1688) : le marquis d'Eragny. — Révolution de Siam : Siège de Bangkok : défense de Mergui. — Expédition de Duquesne-Guitton. — Le marquis de la Roques (1703). — Phra-Maha-Mongkut (1851). — L'amiral Laguerre. — Traité du 15 août 1856. — M. de Castelnau, premier consul de France au Siam (octobre 1858).

Dès 1651, plusieurs ecclésiastiques, à l'instigation du P. de Rhodes, avaient projeté d'aller aux Indes enseigner l'Évangile : de ce nombre étaient MM. de la Mothe-Lambert, directeur de l'hôpital de Rouen; Pallu, chanoine de Saint-Martin de Tours; de Meurs et l'abbé de Lionne, troisième fils du ministre Lionne. La cour de Rome approuva leur résolution et nomma Pallu, évêque d'Héliopolis, et de La Mothe-Lambert, évêque de Béryte. Le troisième évêque nommé fut

M. Cotolendi, curé de la paroisse d'Aix en Provence :
on lui expédia les bulles d'évêque de Metellopolis.

Les Portugais protestèrent auprès de Clément IX
et de Clément X contre la nomination d'évêques français en Indo-Chine : ils invoquaient, à l'appui de leur
protestation, une bulle d'Alexandre VI, qui avait par-
tagé les Indes entre les Espagnols et les Portugais.
Le roi de Portugal avait même fait déclarer à Clément X, par son ambassadeur, que le nonce apostolique
ne serait reçu à la cour de Lisbonne qu'après la révo-
cation des évêques français; le Pape ne céda pas. En effet,
la bulle d'Alexandre VI n'avait plus de raison d'être:
en 1493, ce souverain Pontife « donna à l'Espagne
tout le pays qu'on découvrirait à l'Ouest du méridien
pris à cent lieues des Açores, et, au Portugal, tout ce
qu'il pourrait conquérir à l'Est de ce méridien... La
cour de Rome ne connaissait pas assez la théorie de
la terre pour sentir que les Espagnols, poussant leurs
découvertes du côté de l'Ouest, et les Portugais du
côté de l'Est, c'était une nécessité qu'ils se rencon-
trassent. L'expédition de Magellan démontra cette
vérité (1). »

L'évêque d'Héliopolis n'eut que l'embarras du choix
pour recruter ses missionnaires : il avait choisi une
retraite à quelques lieues de Paris pour y mettre à
l'épreuve les talents et la vocation de ses compagnons.
De nombreux dons furent envoyés à Pallu, notamment
par la duchesse d'Aiguillon ; c'était la création du
Séminaire des Missions Étrangères dont les membres
seront appelés à jouer un grand rôle en Extrême-Orient.

Les Portugais et les Hollandais, déjà installés aux

_______
(1) Raynal, *déjà cité.*

Indes, refusèrent absolument d'embarquer les missionnaires, dont ils redoutaient l'influence probable sur les indigènes; restait la route de la Méditerranée, de l'Asie-Mineure, de la Perse, de l'Inde : c'est celle que prirent nos courageux compatriotes. Cotolendi et La Mothe-Lambert quittèrent Marseille (1660); l'évêque de Metellopolis, à peine âgé de trente ans, mourut en arrivant, par suite des fatigues du voyage. L'évêque de Béryte visita Alep, Bagdad, Bassorah, Chiraz, Ispahan, le golfe Persique, Surate et Mazulipatam, d'où il fit voile pour Ténassérim et Mergui.

La Mothe-Lambert et ses compagnons débarquèrent enfin à Siam le 2 août 1662; à la nouvelle de leur arrivée, tous les chrétiens vinrent se grouper autour d'eux, et particulièrement les chrétiens annamites, obligés de fuir leur pays à cause des persécutions. La Mothe-Lambert s'aboucha dès son arrivée avec les Portugais, qui l'accueillirent assez bien au début; mais, dans la suite, des propos malveillants circulèrent sur le compte de l'évêque de Béryte. Un grand vicaire de Goa, accompagné des principaux Portugais, vint, au nom de l'archevêque de Goa, sommer La Mothe-Lambert de montrer les pouvoirs qu'il prétendait tenir du Saint-Siège. L'évêque de Béryte refusa fièrement, donnant comme motif de son refus qu'il n'était pas sujet du roi de Portugal et encore moins de l'archevêque de Goa; il consentait seulement à les montrer au grand vicaire « en particulier et comme à son ami. » L'incident fut clos, mais La Mothe-Lambert fut obligé de se retirer dans le camp (1) des Annamites.

_______

(1) D'après Mgr Pallegoix, les Portugais appelaient camps les quartiers ou les villages qu'ils habitaient près des villes siamoises *(Note de l'Auteur.)*

L'année suivante, les Portugais recommencèrent leurs tracasseries : un aventurier, nouvellement arrivé de Lisbonne, essaya d'enlever l'évêque. « Mais les Cochinchinois, avertis de l'insulte qu'on faisait chez eux à un évêque destiné pour leur nation, coururent aux armes... Leur capitaine saisit l'aventurier portugais par la gorge, le menaça de lui trancher la tête, le chassa... L'aventurier ayant manqué son coup, gagna son bateau avec précipitation et se retira (1). » Ces chrétiens annamites servaient dans la marine siamoise.

Pallu quitta Marseille le 2 janvier 1662 et prit la même route que La Mothe-Lambert ; il emmenait avec lui un gentilhomme de Champagne, M. de Foissy de Chamesson, et plusieurs missionnaires dont l'un, M. Lanneau, devint évêque de Métellopolis en remplacement de Cotolendi. Siam fut choisi comme centre de toutes les Eglises d'Orient ; c'est à Bangkok que furent envoyés plus tard les jeunes séminaristes de Paris, auxquels Louis XIV accorda sa protection. Le Grand Roi voyait avec juste raison, dans ces missionnaires apostoliques, des auxiliaires puissants pour l'extension de l'influence française.

En janvier 1665, Pallu retourna en Europe pour soumettre au Pape et à Louis XIV divers réglements relatifs à l'établissement de la mission. Il revint en mai 1673, porteur de lettres de Clément IX et de Louis XIV pour le roi de Siam. NN. SS. d'Héliopolis et de Béryte furent reçus en audience solennelle par Phra-Naraï le 18 octobre 1673 : « Ils marchèrent précédés des hautbois, des tambours et des trompettes.

(1) *Histoire civile et naturelle du royaume de Siam.* Turpin, 1771.

Le monarque, assis sur son trône et revêtu de tous les ornements de sa dignité, reçut les lettres qu'ils lui présentaient de la part du Souverain Pontife et de Louis XIV.

*Lettre de Louis XIV au roi de Siam.*

Très haut, très excellent, très puissant prince, notre cher et bon ami, ayant appris le favorable accueil que vous aviez fait à ceux de nos sujets qui, par un zèle ardent pour notre sainte religion, se sont résolus de porter la lumière sainte de la foi et de l'Evangile dans l'étendue de vos Etats, nous avons pris plaisir de profiter du retour de l'évêque d'Héliopolis pour vous en témoigner notre reconnaissance et vous marquer, en même temps, que nous nous sentons obligé du don que vous lui avez fait, et au sieur évêque de Béryte, non seulement d'un champ pour leur habitation, mais encore de matériaux pour construire leur église et leur maison ; et comme ils pourront avoir de fréquentes occasions de recourir à votre justice dans l'exécution d'un dessein si pieux et si salutaire, nous avons cru que vous auriez agréable que nous vous demandassions pour eux et pour tous nos autres sujets, toutes sortes de bons traitements....

Votre très cher et bon ami,

*Signé :* LOUIS.

Et plus bas : COLBERT.

La lecture étant finie, le roi parla aux prélats par interprètes... Des officiers présentèrent dans des coupes d'or l'arec et le bétel aux évêques ; d'autres leur offrirent des confitures dans plusieurs bassins d'or et, peu de temps après, un autre officier apporta dans une caisse deux habits violets de soie de la Chine pour les prélats, et un habit noir pour M^gr de Métellopolis qui n'était pas encore sacré. On tira des rideaux qui cachèrent la personne du roi et le trône. Les mandarins se levèrent, firent beaucoup d'honnêtetés et de grandes félicitations aux évêques sur l'honneur que le roi leur avait fait, et les évêques s'en retournèrent... » (1).

La lettre de Louis XIV produisit si bon effet sur l'esprit de Phra-Naraï « que si on n'avait connu la profonde politique de ce prince, on se serait persuadé qu'il était déterminé à embrasser la religion chrétienne. Il ordonna à ses ministres de choisir, parmi les mandarins, ceux qu'ils jugeraient les plus propres pour l'ambassade de Rome et de France qu'il méditait d'envoyer dès que la paix serait publiée en Europe (2). »

Phra-Naraï voulut envoyer immédiatement une ambassade à Louis XIV : la guerre de Hollande le força d'abandonner ses projets ; mais dès que la paix de Nimègue fut connue au Siam, Phra-Naraï reprit l'exécution de son dessein.

« L'ensemble de ces relations de la France et du royaume de Siam, pendant le règne de Louis XIV, forme un des chapitres les plus curieux et certainement les moins connus de l'histoire des affaires extérieures du temps. Pour s'être arrêtés seulement aux plus piquants épisodes, comme la réception du chevalier de Chaumont à Siam, et le séjour des ambassa-

(1) *Description du royaume Thaï ou Siam.* M^gr Pallegoix. 1854.
(2) *Idem.*

deurs siamois en France en 1686, plusieurs critiques
ont raillé ces beaux projets de domination asiatique,
et ont affecté de n'y voir qu'une aventure romanesque,
une riche matière aux chroniques divertissantes du
*Mercure Galant*, une ingénieuse comédie arrangée par
M^me de Maintenon et les courtisans pour amuser le
Grand Roi, comme si Louis XIV, à l'apogée de sa
gloire et au temps des merveilleuses créations de
Versailles, n'avait pas d'autres jeux et ses ministres
d'autres distractions que de donner audience à des
Siamois de contrebande ! Faute d'avoir été mieux
connus, ces évènements accomplis loin de la France
ont gardé longtemps les apparences de la fic-
tion (1). »

Eugène Süe n'écrivait-il pas, en effet, en 1845, dans
son *Histoire de la Marine française :* « Forbin se
trouva un des acteurs de cette impudente comédie, si
connue, d'ailleurs, que les ministres de Louis XIV,
aidés du jésuite Le Tellier, jouèrent devant le Grand
Roi, qui les crut de toutes les forces de son orgueil si
superbement bonasse, et de son hypocrite dévotion :
il s'agissait de la prétendue ambassade envoyée par
le roi de Siam pour rendre hommage à la splendide
renommée du roi de France... Or, d'ambassadeurs
siamois, il n'y en avait pas ; car l'ambassade et les
présents qu'elle apportait au roi de France, tout avait
péri dans un naufrage ; mais, de ce naufrage, deux
secrétaires avaient surnagé, telle était la fable. Le
vrai était que ces secrétaires étaient d'effrontés coquins
endoctrinés par les ministres ; que l'ambassade n'avait
jamais existé, et que toute cette chimère avait été ima-

_________

(1) *Relations de la France et du royaume de Siam ;* Lucien Lanier, 1883.

ginée pour flatter la vanité du maitre qui se prit le mieux du monde à ce glorieux gluau... »

Déjà Msr d'Héliopolis, en passant à Surate, avait fait près des directeurs généraux Gueston, Blot et Baron, toutes les démarches nécessaires pour les déterminer à entrer en relations avec le Siam et le Tonkin. En 1679, un docteur de Sorbonne, M. Duchesne, supérieur des missionnaires de Surate, insista tellement près du directeur général de la Compagnie, François Baron, que ce dernier arma trois navires, le *Vautour*, la *Vierge* et le *Tonquin*, pour les destinations respectives de Bangkok, Ténassérim et le Tonkin.

Le *Vautour*, commandé par le sieur Cornuel, arriva à Bangkok en 1680 ; M. Deslandes y passa un traité avec le gouvernement de Siam pour l'exploitation de tout le poivre qui se récolterait dans ce royaume. Dans une lettre qu'il adressait, en décembre 1682, au directeur Baron, Deslandes signalait l'importance stratégique de Jork, à la pointe Sud de la presqu'ile de Malacca, en face de Singapoore : « La rivière de Jork est située... dans un endroit propre à empêcher les navires de passer du détroit dans la mer du Sud et dans le détroit de Malacca, pourvu qu'on y ait des bâtiments. La rivière est grande et belle, et l'on peut y mettre une grande quantité de vaisseaux à couvert ; l'on peut partir de ce lieu pour tous les endroits de la mer du Sud et pour l'Inde, quand la mousson pour aller dans ces lieux est ouverte, et pour la France dans le même temps qu'on le fait de Bantam ; l'on pourrait, étant maître de ce lieu, faire le même négoce qu'on faisait à Bantam, y amener une grande quantité de poivre... En temps de guerre, on serait bien posté pour incommoder les îles des épiceries des Hollandais, Malacca et Batavia même (1). » Deslandes et M<sup>gr</sup> d'Héliopolis envoyèrent même un agent de la Compagnie pour faire la reconnaissance de ce point, dont l'importance stratégique ne leur échappait pas. Que ne furent-ils écoutés ? (2)

Dès qu'il eut connaissance de la paix de Nimègue, Phra-Naraï embarqua son ambassade, composée de trois mandarins, du P. Gayme, missionnaire, et d'un autre ecclésiastique, Figueredo ; cette ambassade portait à Louis XIV, outre de nombreux présents, la lettre suivante :

« Lettre de la royale et insigne ambassade du Grand-Seigneur du royaume de Séri-Juthia qu'il envoie à vous, ô très grand Roi et très puissant Seigneur du royaume de France et de Navarre, qui avez des dignités suréminentes, dont l'éclat et la splendeur brillent comme le soleil, vous qui gardez une loi très excellente et très parfaite. Or, touchant les lettres de la royale ambassade et pleines de majesté que vous, ô très grand Roi, vous avez envoyées par dom François, évêque d'Héliopolis, jusque dans ce royaume, après avoir compris le contenu de votre illustre et élégante ambassade, notre cœur royal a été comblé d'une très grande joie et j'ai eu soin de chercher les moyens d'établir une forte et ferme amitié à l'avenir ; et lorsque j'ai vu le général de Surate envoyer ici, sous votre bon plaisir, un vaisseau pour prendre notre ambassade,

_______

(1) *Arch. du Minist. de la mar. et des col.*

(2) Cette rivière de Jork est la rivière de Djohore, dont l'embouchure est située entre le cap Romania et l'île de Singapoore. *(Note de l'auteur)*.

pour lors, mon cœur s'est trouvé dans l'accomplisse-
ment de ses souhaits et de ses désirs... (1). »

Le *Vautour*, parti de Siam le 24 décembre 1680,
arriva à Bantam le 10 janvier 1681, et le *Soleil d'Orient*
lui fut adjoint. Malheureusement ce dernier vaisseau
périt corps et biens dans les parages du cap de Bonne-
Espérance.

L'administration du royaume de Siam était alors
confiée à un Grec catholique, Constantin Phaulcon,
fils d'un cabaretier de la Custode, dans l'île de Cépha-
lonie. Ce Phaulcon, venu d'Angleterre pour trafiquer
aux Indes, avait fait naufrage sur les côtes de Siam
et avait été recueilli par l'évêque de Béryte, qui le
recommanda au Barcalon (ministre des affaires étrangères), dont il gagna la confiance et auquel il succéda.

Constantin Phaulcon a été jugé de différentes façons :
les missionnaires l'ont dépeint sous les couleurs les
plus séduisantes ; le père Tachard lui prête « beaucoup d'esprit dans l'âme, d'aménité dans les mœurs. »
Les autres Européens, au contraire, se sont plu, avec
juste raison, à le présenter sous le jour le plus
désavantageux, comme un esprit inquiet et ambitieux.
Dans une lettre que le sieur Verret, agent de la Compagnie, écrivait à ses supérieurs à Pondichéry, le
5 novembre 1685, Phaulcon était ainsi dépeint : « Monsieur Constance étant la personne dont il sera ici le
plus parlé, et qui est entièrement maître de tout ce
qui se fait en ce pays, vous ne serez pas fâchés,
messieurs, que je vous le fasse connaître : c'est un
homme de moyenne taille, d'assez bonne mine pour ce
pays et âgé de trente-cinq à trente-six ans. Il a beau-

(1) *Les relations de la France avec le Siam ;* P. Margry, 1861.

coup de vivacité d'esprit, l'extérieur très agréable, mais je doute si peu que le fonds soit semblable, en ce que tous les jours il entreprend mille choses dont il ne vient pas à bout. Il a de l'ambition, aime l'argent, la vengeance, les flatteurs et les gens qui rampent devant lui ; du reste, c'est le meilleur homme du monde ; il est Grec et a été longtemps au service de la Compagnie d'Angleterre en qualité de matelot et de quartier-maître. Dans la suite, ayant quitté le service de la Compagnie, il entra chez M. Huit, qui est un particulier anglais riche, qui demeurait ici et qui l'envoya à la Chine, Tonkin et autres lieux pour ses affaires ; puis s'étant retiré en Angleterre, il le laissa ici, où il s'est poussé et est devenu le plus puissant du royaume (1). »

« Ce ministre, a écrit le comte de Forbin, était parvenu à gouverner despotiquement le Siam... Il s'attacha d'abord au service du barcalon, c'est-à-dire au premier ministre ; il en fut très goûté ; ses manières douces et engageantes, et plus que tout cela, un esprit propre pour les affaires, et que rien n'embarrassait, lui attirèrent bientôt toute la confiance de son maître, qui le combla de biens, et qui le présenta au roi comme un sujet propre à le servir fidèlement. Ce prince ne le connut pas longtemps sans prendre aussi confiance en lui ; mais par une ingratitude qu'on ne saurait assez détester, le nouveau favori, ne voulant plus de concurrent dans les bonnes grâces du prince, et abusant du pouvoir qu'il avait déjà auprès de lui, fit tant, qu'il rendit le barcalon suspect et qu'il

______

(1) *Archiv, du Minist. de la Mar. et des Col.*

engagea peu après le roi à se défaire d'un sujet fidèle et qui l'avait toujours bien servi. »

« C'est par là que M. Constance, faisant de son bienfaiteur la première victime qu'il immola à son ambition, commença à se rendre odieux à tout le royaume. Les mandarins et tous les grands, irrités d'un procédé qui leur donnait lieu de craindre à tout moment pour eux-mêmes, conspirèrent en secret contre le nouveau ministre et se proposèrent de le perdre auprès du roi... Constance n'ignorait pas leur mauvaise disposition à son égard... Il connaissait aussi tout ce qu'il avait à craindre d'une révolution, et il comprenait fort bien qu'il ne s'en tirerait jamais, s'il n'était appuyé d'une puissance étrangère qui le protégeât en s'établissant dans le royaume (1). » Aussi détermina-t-il Phra-Naraï à envoyer en France une deuxième ambassade.

Les envoyés de Phra-Naraï emmenèrent dix jeunes Siamois qu'on se proposait d'instruire en Europe : ils s'embarquèrent sur un vaisseau anglais, et de Londres gagnèrent Calais. Deux missionnaires, les PP. Vachet et Pascal, les accompagnaient. Le marquis de Seignelay, regardant cette ambassade comme suspecte et comme n'ayant pas été envoyée directement à Louis XIV, fit appeler le P. Vachet qui dissipa les craintes du ministre. Les ambassadeurs siamois remplirent leur mission en déclarant à Seignelay et à Colbert de Croissy, secrétaire d'Etat des affaires étrangères, que leur souverain serait très heureux de recevoir une ambassade française ; soutenus par le P. Vachet,

_______

(1) *Voyage à Siam.*

ils laissèrent même entendre que Phra-Naraï était
assez disposé à embrasser le catholicisme; quant aux
questions commerciales, elles ne furent qu'effleurées.

Les envoyés de Phra-Naraï avaient été chargés par
leur souverain : 1° de s'enquérir du sort de la
précédente ambassade ; 2° de rechercher l'union du
Siam et de la France; 3° de féliciter Louis XIV sur
la naissance du duc de Bourgogne.

Louis XIV, conseillé par le P. de la Chaise, se
décida à envoyer comme ambassadeur le chevalier de
Chaumont, capitaine de vaisseau et major général
des armées navales dans le Levant : « Il aurait été
difficile, dit Forbin, de choisir un sujet plus digne
d'une commission qui paraissait si importante ; car
outre les avantages qu'il tirait de sa naissance, et de
mille autres qualités personnelles qui le distinguaient
très avantageusement, il était d'une piété si reconnue,
qu'une ambassade, dont le but allait principalement à
convertir un roi idolâtre, et peut-être tout son royaume,
ne pouvait être confiée à un sujet qui, par ses vertus,
pût donner une plus haute idée de la religion, qu'il
devait persuader (1). »

L'abbé de Choisy lui fut adjoint ; ce dernier, qui,
en France, portait des habits de femme pour mieux
réussir dans ses galanteries, était chargé d'enseigner
à Phra-Naraï les principes de la religion catholique !
Le comte de Forbin était le major de l'ambassade.

« Par les actes de toute sa vie, Choisy paraissait
aussi peu propre au rôle de missionnaire qu'aux fonctions d'ambassadeur ; il fallut toute la grâce royale,

______

(1) *Voyage à Siam.*

devançant la miséricorde divine, pour absoudre les
légèretés de cet étourdi libertin dont la vie n'avait été
qu'une perpétuelle mascarade. C'est lui, comme il se
plaît à nous l'apprendre dans ses *Mémoires*, qu'on
habillait en fille à la cour d'Anne d'Autriche pour divertir le jeune duc d'Anjou et qui, plus tard, s'habillait en femme pour se divertir lui-même, portant des
pendants d'oreille, des bagues, des diamants et des
mouches, se parant et faisant la belle, tantôt sous le
nom de M^me de Sancy et tantôt sous celui de comtesse
des Barres, et grâce à ce travestissement bizarre,
courant les bals et jouant la comédie sur les théâtres
publics. Le scandale n'avait cessé qu'en 1683, à la
suite d'une grave maladie : l'abbé dit adieu au monde
et se jeta dans la dévotion ; la *coquette* désabusée se
transformait en pénitent (1). »

Le personnel de l'ambassade comprenait encore
quelques officiers de marine, dont l'ingénieur de la
Mare, quelques missionnaires et six jésuites, chargés
spécialement de faire des observations astronomiques :
au nombre de ces derniers se trouvait le P. Tachard.

« Mathématicien et philologue distingué, le P. Guy
Tachard était une des lumières de la Compagnie de
Jésus ; quand on le désigna, sur ses instances, pour
être du voyage de Siam, il arrivait à peine des colonies d'Amérique où il avait accompagné le maréchal
d'Estrées et séjourné quatre ans en qualité d'évangé-
liste, de savant et de diplomate. Le P. de La Chaise
lui témoignait une estime toute particulière, et appréciait en lui l'énergie d'une volonté qui ne mollissait

_____________

(1) Lucien Lanier, *déjà cité*.

qu'en apparence et provisoirement au milieu des difficultés les plus graves, un esprit simple et inventif
dans le conseil, tenace et infatigable dans l'action, et
jamais distrait du but à poursuivre, un art consommé
de feindre et de dissimuler et un talent de noircir ou
de trahir à propos les hommes pour réparer des erreurs
commises ou ressaisir une domination perdue (1). »

Le chevalier de Chaumont partit de Brest, le 3
mars 1685, avec le vaisseau l'*Oiseau*, commandé par
M. de Vaudricourt, et la frégate la *Maligne*, commandée par M. Joyeux, lieutenant. « Tout étant em-
barqué, nous levâmes l'ancre pendant la nuit, et le
lendemain matin, qui était un samedi, troisième de
mars, après que les équipages des deux vaisseaux
eurent crié à plusieurs reprises, *vive le roi!* nous
mîmes à la voile, et nous fîmes route pour le cap de
Bonne-Espérance (2). » Il arriva devant la barre du
Ménam, le 23 septembre, remonta le fleuve, et, quinze
jours après, il était à Juthia. Les envoyés de Louis XIV
furent reçus avec magnificence : Constantin Phaulcon
gorgea les équipages de vivres frais : « Il fit en sorte,
écrit Choisy, que chaque mousse eut sa poule ou son
canard. »

Le chevalier de Chaumont, reçu en audience solennelle, s'adressa ainsi à Phra-Naraï : « Sire, le Roi,
mon maître, si fameux aujourd'hui dans le monde par
ses victoires et par la paix qu'il a souvent donnée à
ses ennemis à la tête de ses armées, m'a commandé
de venir trouver votre Majesté pour l'assurer de l'estime particulière, qu'il a conçue pour Elle. Il connaît,

(1) Lucien Lanier, *déjà cité.*
(2) Forbin, *déjà cité.*

Sire, vos augustes qualités, la sagesse de votre gouvernement, la magnificence de votre Cour, la grandeur de vos États... Il ressent tant d'illustres effets de l'estime que vous avez pour lui, et il veut bien y répondre de tout son pouvoir : dans ce dessein, il est prêt de traiter avec Votre Majesté de vous envoyer de ses sujets pour entretenir et augmenter le commerce, de vous donner toutes les marques d'une amitié sincère... (1). »

A peine arrivés, les PP. Jésuites de l'ambassade, pleins d'un zèle intempestif, voulurent convertir Phra-Naraï au catholicisme : le monarque Siamois refusa catégoriquement, faisant remarquer, avec beaucoup de bon sens, que sa conversion pouvait amener une révolution dans le royaume. Poussé par Constantin Phaulcon, qui voulait se servir des Français pour l'exécution de ses propres desseins, il accorda cependant les privilèges suivants :

1° Autorisation de prêcher l'Évangile et de convertir les Siamois : nomination d'un mandarin chargé spécialement de juger les chrétiens.

2° La Compagnie des Indes obtenait liberté entière de commerce sans droits d'entrée ni de sortie et le droit d'élever une factorerie à Jongselang sur la côte occidentale et à Singor sur la côte orientale.

3° La France obtenait le droit de garnison à Bangkok et à Mergui.

Tachard et Phaulcon, qui intriguaient derrière le chevalier de Chaumont et l'abbé de Choisy, décidèrent en outre l'envoi d'une deuxième ambassade sur l'*Oi-*

_______________

(1) *Relation de l'ambassade de M. le chevalier de Chaumont*, 1687.

*séau* et la *Maligne* qui rentrèrent à Brest le 18 juin 1686.

Phra-Naraï combla de présents l'ambassadeur et les gens de sa suite ; le chevalier de Chaumont reçut le *Lelom*, c'est-à-dire *le grand vase d'or*, qui lui donnait le titre de *oya* (seigneur) ; les missionnaires reçurent des crucifix d'or, et les deux commandants de l'*Oiseau* et de la *Maligne* des armes enrichies de pierreries. « Comme petit souvenir, comme délicate et dernière attention, Phra-Naraï voulut que l'ambassadeur emmenât deux jeunes éléphants, qualifiés par lui d'éléphants de poche, quoique le poids de chacun fût bien d'une demi-douzaine de bœufs ; l'un était pour le duc de Bourgogne, l'autre pour le duc d'Anjou (1). » Quant à Phaulcon, il remit au P. Tachard une lettre à l'adresse du P. de la Chaise, confesseur de Louis XIV.

Forbin et de la Mare étaient restés par ordre à Siam, l'un comme amiral et généralissime, l'autre comme ingénieur chargé de fortifier les places fortes du royaume de Phra-Naraï.

De tous les membres de l'ambassade, Forbin était le seul qui ne se fût pas laissé éblouir par Phaulcon : « Je dirai franchement, écrit-il, que j'ai été surpris plus d'une fois que l'abbé de Choisy et le P. Tachard, qui ont fait le voyage avec moi et qui ont vu les mêmes choses que moi, semblent s'être accordés pour donner au public, sur le royaume de Siam, des idées si brillantes et si peu conformes à la vérité ; il est vrai que n'y ayant demeuré que peu de mois et M. Constance

_________

(1) *L'ambassade de Siam au XVII° siècle ;* Etienne Challois, 1861.

ayant intérêt de les éblouir, ils ne virent dans ce royaume que ce qu'il y avait de plus propre à imposer. Mais, après tout, il faut qu'ils aient été étrangement prévenus pour n'y avoir pas aperçu la misère qui se manifeste partout, à tel point qu'elle saute aux yeux et qu'il est impossible de ne la voir pas (1). »

L'arrivée à Paris des ambassadeurs siamois fut l'occasion de fêtes et de réjouissances : « Ils reçurent plusieurs visites, et en particulier celle du P. de La Chaise ; ils se montrèrent avec les dames du dernier galant, leur adressèrent des compliments fort ingénieux et délicats qui étonnaient les courtisans de Versailles. Le maréchal de la Feuillade et Michel de Bonneuil, introducteur des ambassadeurs, vinrent à leur rencontre au faubourg Saint-Antoine. Ils firent leur entrée solennelle à Paris le 12 août 1686, escortés de soixante carrosses à six chevaux, où avaient pris place les princes et princesses du sang et leur suite... On les conduisit à la messe, à Notre-Dame, et à la Comédie italienne, aux bals de Saint-Cloud et à l'opéra d'*Armide*, au collège Louis-le-Grand, où on les régala de la tragédie de *Clovis*... Le roi ordonna de les promener à ses frais dans toutes les places du Nord, celles de la Flandre surtout. La réception fut partout éclatante ; partout le canon retentit et l'éloquence officielle déborda... (2). » Louis XIV les reçut officiellement le 1<sup>er</sup> septembre 1686 ; cette réception magnifique fut, pour les courtisans, l'occasion d'encenser le Grand Roi, pendant que le véritable ambassadeur, le P. Tachard, doublé du P. de La Chaise,

_________

(1) *Voyage à Siam.*
(2) Lucien Lanier, *déjà cité.*

organisait, de concert avec les ministres, une véritable expédition contre Siam.

Le 14 janvier 1687, les ambassadeurs quittèrent Versailles, emportant de nombreux et riches présents ; une ambassade française les accompagnait : Simon de la Loubère était député pour les affaires du Roi, et Claud Ceberet du Boullay pour celles de la Compagnie des Indes.

« Mais puisqu'il revient à propos de parler de Monsieur Ceberet, je crois devoir dire qu'il est fils de feu Monsieur Ceberet, secrétaire du Roi, l'un des premiers intéressés dans la Compagnie de Guinée, qu'il a toujours aimé la marine, qu'il a fait plusieurs voyages de long-cours et a épousé, à la Martinique, une parente de la marquise de Maintenon ; c'est un bel endroit pour ne manquer ni d'appui ni de protection. Il est cependant très vrai que ce n'était point là en quoi gît son mérite ; c'est certainement dans sa probité, dans un zèle inexprimable pour le service et les intérêts du Roi, dans un travail infatigable, dans une application continuelle à ses devoirs ; n'étant nullement homme de demain, et décidant tout dans le moment ; d'un esprit intelligent, vif, ardent, et pourtant toujours tranquille ; tellement judicieux que, jusques ici, qui que ce soit ne s'est plaint de ses décisions ; en un mot, un homme tel que je voudrais l'avoir pour supérieur le reste de mes jours. Affable et accessible à tout le monde, compatissant aux faiblesses humaines, en riant lorsqu'elles sont publiques, n'en disant mot lorsqu'elles sont secrètes... Parfaitement bien fait de sa personne, très bel homme et d'une physionomie prévenante et heureuse (1). »

(1) *Journal d'un voyage aux Indes-Orientales*, 1721.

Venait enfin, malheureusement pour la France, le P. Tachard, dont les intrigues et l'ambition malsaine allaient détruire les premières assises de la puissance française en Indo-Chine, assises que nos évêques-missionnaires avaient péniblement établies en déployant constamment un courage, une douceur et une intelligence remarquables.

L'ambassade s'embarqua sur une escadre composée de deux vaisseaux, le *Gaillard* et l'*Oiseau*, et de quatre flûtes sur lesquelles était monté un régiment d'infanterie de douze compagnies, commandé par le maréchal de camp Desfarges ; les autres officiers s'appelaient : du Bruant, Verdesalle, de Beauchamp, d'Alvimare et le bombardier Dulary. Desfarges devait occuper, dès son arrivée, Bangkok et Mergui et y élever rapidement les ouvrages nécessaires pour lutter avec succès contre les entreprises des Hollandais ; des instructions très détaillées lui avaient été remises, ainsi qu'à la Loubère et à Ceberet. L'escadre mouilla à l'entrée du Ménam, le 27 septembre 1687.

Depuis le départ du chevalier de Chaumont, la mésintelligence n'avait cessé de régner entre Constantin Phaulcon et le chevalier de Forbin, qui fut forcé de donner sa démission et de gagner la côte de Coromandel : « Je suis bien fâché, écrivait Constance, le 1er novembre 1686, que nous n'ayons pas les mêmes sujets de nous louer du chevalier de Forbin, que nous avions demandé nous-même, pour demeurer en ce royaume, persuadé qu'il y serait utile pour le service de Sa Majesté et pour celui de la France. Du moment qu'on l'a mis à Bangkok pour commander, il n'a pu s'accommoder avec personne, et quoiqu'on ait puni et retiré ceux qu'il a voulu, les plaintes ont toujours continué de part et d'autre ; il s'est enfin lassé lui-même et pour des bruits particuliers, qu'il devait mépriser ou plutôt prévenir en se faisant estimer, il a demandé brusquement son congé... » (1).

Le ministre ambitieux, plus soucieux de conserver sa position que de servir les intérêts de Phra-Naraï, ne put s'entendre avec la Loubère et Ceberet sur la forme de l'occupation de Bangkok et de Mergui. Le différend prit fin cependant et les troupes françaises entrèrent dans Bangkok, le maréchal de camp Desfarges en tête. Loin de chercher à éteindre les germes de discorde et de défendre les intérêts de la France, le P. Tachard manœuvrait pour substituer son influence à celle des ambassadeurs de Louis XIV : « Sous des formes en apparence conciliantes et une humilité dont les circonstances trahirent plus d'une fois l'artifice, il dissimulait une ambition tenace et l'intention arrêtée de servir Constance et les intérêts de la Compagnie, même au détriment de l'honneur de son Roi (2). »

Ce fut le 2 novembre seulement que la Loubère et Ceberet furent reçus en audience solennelle par Phra-Naraï, et lorsqu'ils parlèrent de la conversion du souverain siamois, Constantin changea le cours de la conversation. D'un autre côté, les soldats français étaient loin de garder une réserve prudente : « Ils étaient insolents, railleurs et débauchés, plus semblables à des vainqueurs campés en pays conquis qu'à des alliés commis à la garde d'une forteresse qui s'était ouverte

(1) *Arch. du Minist. de la Mar. et des Col.*
(2) Lucien Lanier, *déjà cité.*

à eux sans combat (1). » Les réponses évasives du premier ministre et la conduite déplorable des soldats de Desfarges devaient nécessairement amener des conflits.

Ne pouvant s'entendre avec Phaulcon, et appelé d'ailleurs en Indoustan pour régler un différend survenu entre la Compagnie des Indes et le roi de Golconde, Ceberet quitta Bangkok et alla reconnaître Ténassérim, Mergui, ainsi que les îles de Badracan et de Poulo-Taway ; le 3 janvier 1688, il s'embarqua sur le *Président*.

Ceberet, en arrivant à Mergui, y trouva le comte de Forbin ; tous deux s'embarquèrent sur un vaisseau de la Compagnie, à destination de Pondichéry : « Nous fûmes pendant toute la route, M. Ceberet et moi, dans une grande liaison ; nos entretiens ordinaires roulaient sur le royaume de Siam et sur les manières de ces peuples. Il était si frappé de les avoir vus si pauvres, et de la misère du royaume, qu'il ne comprenait pas comment on avait eu la hardiesse d'en faire des relations si magnifiques (2). »

La Loubère quittait le Siam quinze jours plus tard, après une scène faite à Phaulcon ; le P. Tachard le suivit comme envoyé extraordinaire de Phra-Naraï, emmenant trois mandarins, deux catéchistes tonkinois et quelques jeunes Siamois qui devaient être élevés à Louis-le-Grand ; il était, en outre, porteur d'un traité qui, selon lui, devait établir définitivement l'influence française dans les Indes. Tachard et la Loubère arri-

---

(1) Lucien Lanier, *déjà cité.*
(2) *Voyage à Siam.*

vèrent en juillet 1688 à Brest, où Ceberet les avait précédés.

Pendant ce temps, Louis XIV faisait partir pour Siam l'*Oriflamme*, commandée par le sieur de l'Estrille ; de nouvelles instructions étaient envoyées à Desfarges et un renfort de 200 hommes lui était expédié ; le Grand Roi avait même l'intention d'envoyer à Phra-Naraï une garde d'honneur de 50 gentilshommes commandée par le marquis d'Eragny. « A ce titre de capitaine des gardes du roi de Siam, le marquis d'Eragny devait ajouter une commission d'inspecteur général des troupes françaises du royaume de Siam... Ecouter les plaintes, juger les délits et les crimes, châtier les coupables, faire les règlements de discipline et de police, surveiller le commandement militaire et l'exécution des traités, ordonner les dépenses, contrôler les états et les compter, favoriser les entreprises commerciales de la Compagnie, telles étaient les attributions de l'inspecteur général... Le marquis d'Eragny, installé à la cour, maître du palais et de la personne du roi, dont la garde lui était confiée, faisant à la fois le capitaine, le conseiller, le diplomate et le grand juge, cumulant les pouvoirs civils et militaires, devait, sous les dehors d'un serviteur respectueux et désobéissant, exercer dans ce royaume divisé un protectorat réel déguisé sous le nom d'amitié... (1). » Tous ces beaux projets devaient tomber avec Constantin Phaulcon.

Un mandarin de la cour, Phra-Phet-Raxa, avait conçu le projet de renverser son souverain et de monter

_______

(1) Lucien Lanier, *déjà cité.*

sur le trône ; pour arriver à ses fins, il profita du départ de Ceberet et de la Loubère, exploita les haines des talapoins (1) et des autres mandarins contre les missionnaires et le premier ministre ; les Hollandais l'encourageaient secrètement. Constantin Phaulcon éventa le complot et prévint Desfarges et les Français qui étaient à Bangkok de monter rapidement à Louvo pour saisir Phra-Phet-Raxa. « Mais ceux-ci, sur de fausses relations qui leur furent faites des troubles et des mouvements de la cour, appréhendant de s'engager mal à propos dans une affaire qui pouvait avoir de fâcheuses suites pour la nation, se tinrent tranquilles dans leur forteresse, malgré les lettres et les courriers envoyés coup sur coup par M. Constance, qui les conjuraient de venir à son secours. Quand j'appris ce détail, je fus si indigné de la conduite de nos Français, que je ne pus m'empêcher de dire à M. de Seignelai, qui m'en parla, que si je m'étais trouvé pour lors à Bangkok, je n'aurais pas balancé à voler au secours de M. Constance, quelque sujet que j'eusse d'ailleurs de me plaindre de ses mauvais procédés à mon égard. Et, s'il faut dire la vérité, connaissant le peu de valeur des Siamois, je suis persuadé que si je m'étais rendu à Louvo avec cinquante hommes de ma garnison, je n'aurais eu qu'à me montrer pour dissiper toute cette populace qui m'aurait abandonné son chef sans oser entreprendre la moindre chose (2). »

(1) Les talapoins sont les prêtres de Boudha ; d'après Msr Pallegoix, ce nom leur vient de l'éventail qu'ils tiennent à la main et qui s'appelle *talapat* (feuille de palmier).

(2) Forbin, *déjà cité.*

Le 18 mai, Phra-Phet-Raxa cernait le palais et s'emparait de la personne du Roi et de ses frères ; Constantin et trois officiers français, de Beauchamp, de Bretteville et le capitaine Desfarges, fils du maréchal de camp, furent arrêtés et emprisonnés. Phra-Phret-Raxa ordonna ensuite à Desfarges de faire évacuer Mergui, où commandait du Bruant, et de se mettre à ses ordres pour accomplir la révolution. Desfarges eut la faiblesse d'obéir, et ses fils furent même mis aux fers pour servir d'otages. Phra-Phet-Raxa consomma l'usurpation en faisant périr Phra-Naraï, dont il épousa la fille unique ; quant à Constantin Phaulcon, il fut exécuté à Louvo. « On voit encore aujourd'hui à Nophaburi (la Louvo de l'abbé de Choisy), éparses sur le sol, les ruines d'une somptueuse demeure aux vastes proportions. Des fragments de marbre gisant parmi les débris témoignent du goût et de la magnificence du fondateur... Seule, la chapelle est restée debout, et sur le baldaquin d'un autel à colonnes cannelées dans le style du XVIIᵉ siècle, on lit cette inscription : *Jesus hominum Salvator.* Ce palais était celui de Constance Phaulcon ; c'est le seul souvenir que l'on puisse trouver dans le pays de cette brillante et tragique carrière (1). »

Sommé enfin de quitter le royaume de Siam et de rendre les citadelles occupées par les Français, Desfarges refusa net ; comme Phra-Phet-Raxa le menaçait de faire décapiter ses fils, le maréchal exhorta ses derniers à mourir courageusement pour leur Roi et pour leur Dieu, leur assurant que leur mort serait bien vengée.

(1) *Souvenirs d'une campagne dans l'Extrême Orient,* du Hailly, 1866.

Les Siamois commencèrent aussitôt le siège de la citadelle de Bangkok ; la place était bien approvisionnée et ses défenseurs résolus à se défendre jusqu'à la dernière extrémité ; d'ailleurs, bien que dirigés par les Hollandais, les assaillants étaient de médiocres guerriers. Desfarges, voulant correspondre avec du Bruant qui commandait à Mergui, lui dépêcha le lieutenant Saint-Criq et dix-sept hommes montés sur la barque le *Solaire* ; assailli par les pirogues siamoises, au milieu du Ménam, Saint-Criq, plutôt que de se rendre, mit le feu aux poudres et sauta avec ses ennemis.

Phra-Phet-Raxa, pressé d'occuper la citadelle, composa avec Desfarges ; la citadelle devait être rendue et sa garnison transportée à Pondichéry. La veuve de Constantin Phaulcon, dona Guyomar de Pina, réclamée avec instance par l'usurpateur, voulut suivre les Français dans leur retraite ; accompagnée du lieutenant de Sainte-Marie, elle vint demander protection « sous la bannière de France. » « Desfarges répondit par une lâcheté. Loin de la secourir, il refusa même de la voir, dénonça son arrivée au barcalon, mit aux arrêts de Sainte-Marie, coupable d'avoir protégé sa fuite, et, devant le conseil de guerre, exposa les suites fâcheuses de cette imprudence, si, par une générosité inopportune, on s'avisait de ne pas la rendre (1). » Dona Guyomar de Pina fut ramenée à Juthia.

Les négociations reprirent leur cours : il fut convenu que :

1° Desfarges ordonnerait à du Bruant et à Beauregard d'évacuer Mergui ;

_______

(1) Lucien Lanier, *déjà cité.*

2° Deux vaisseaux siamois transporteraient les Français à Pondichéry ; ces vaisseaux devaient être ensuite ramenés à Siam ;

3° Les mandarins siamois, alors en France, seraient rapatriés aux frais du gouvernement français ;

4° Protection et maintien des privilèges seraient accordés aux missionnaires et aux chrétiens siamois ;

5° Des otages seraient échangés : du côté des Français, M$^{gr}$ de Metellopolis, le major de Beauchamp et le capitaine Desfarges ; trois mandarins siamois devaient nous être livrés en retour.

Ainsi, après avoir été maîtresse de tout le royaume de Siam, après avoir jeté si facilement les assises d'un empire Indo-Chinois, la France se voyait tout à coup chassée de l'Inde transgangétique ! Quelle responsabilité endossée par Desfarges, qui, dans cette révolution de palais, aurait dû, coûte que coûte, soutenir Phaulcon !

La perfidie et la mauvaise foi des deux parties contractantes devaient encore amener de nouveaux malheurs ; seul M$^{gr}$ de Metellopolis, fidèle à la parole donnée, se constituait prisonnier. « Alors les Siamois irrités se jetèrent avec impétuosité dans le ballon (pirogue) de M$^{gr}$ de Metellopolis, se saisirent de sa personne, le chargèrent de tant de coups, qu'il est étonnant que ce prélat, déjà infirme, ne mourut pas entre leurs mains. Ils le traînèrent par la vase de la rivière, le prirent par les mains, par les pieds et par la tête, et le jetèrent demi-mort sur des herbes ou, pendant deux heures, il demeura exposé aux ardeurs du soleil, aux moustiques, aux insultes des soldats, des matelots, des femmes et des enfants qui accouraient de toutes parts à ce spectacle. On lui arrachait la barbe, on lui crachait au visage, on vomissait contre lui les imprécations les plus horribles et les invectives les plus atroces... (1). »

Les troupes de Desfarges, embarquées sur le *Siam* et le *Louvo*, arrivèrent à Pondichéry le 31 janvier 1689. Du Bruant y était arrivé depuis plusieurs jours ; après s'être brillamment défendus à Mergui et s'être même ouvert, l'épée à la main, un passage à travers les rangs siamois, du Bruant et quelques autres officiers s'étaient élancés dans des canots qu'un navire marchand français avait disposés près du rivage ; le capitaine Hitton, le lieutenant Sévin et le commissaire Sambiche avaient péri dans la lutte. « C'est de là (de Mergui) que M. du Bruant est sorti le dernier des Français ; et où, avant que d'être forcé d'en sortir, il a montré autant qu'il a pu qu'il ne participait point aux lâchetés que notre nation a faites à Louvo, par tout le royaume, et surtout à Bangkok, la principale de nos forteresses (2). »

Un conseil de guerre, réuni à Pondichéry, délibéra sur la situation ; Martin, le directeur de la Compagnie des Indes, en était membre. Retourner au Siam, occuper Jongsélang, rentrer en France, attendre à Pondichéry les nouveaux ordres de la Compagnie, tels furent successivement les objets des délibérations ; le Conseil conclut à l'occupation de Jongsélang. Desfarges y procéda sans désemparer et essaya, mais en vain, de renouer les relations avec le gouvernement de Bangkok ; Mgr de Metellopolis ne fut pas plus heureux

(1) Mgr Pallegoix, *déjà cité.*
(2) *Journal d'un voyage aux Indes Orientales,* 1721.

dans ses tentatives de conciliation. Desfarges évacua
Jongsélang et retourna au Bengale, où il trouva ses
lettres de rappel en France.

Le Siam était définitivement perdu ; l'indécision du
général français et les intrigues du P. Tachard avaient
anéanti les belles espérances que le gouvernement de
Louis XIV était en droit de fonder.

Il est consolant, au milieu de ces désastres, de faire
ressortir le courage, l'abnégation et le patriotisme des
prêtres des Missions Étrangères pendant notre occupation. Honneur à Pallu et à La Mothe-Lambert! Ces
deux vaillants prélats ont été les dignes précurseurs
de l'évêque d'Adran en Indo-Chine. Leurs successeurs marchent glorieusement sur leurs traces; les
exemples de leurs devanciers les stimulent. Ce sont de
hardis pionniers dont il faut savoir utiliser le dévouement. Les PP. des Missions étrangères sont de puissants agents d'influence française en Indo-Chine, mais
des agents qui demandent à être conduits avec beaucoup de tact, de finesse et de fermeté.

Les Hollandais surent exploiter à leur profit la haine
de Phra-Phret-Raxa contre les Français : « Il importait aux marchands d'Amsterdam de ne pas laisser la
Compagnie française élever ses comptoirs en face de
Batavia et de Bantam, et lui disputer dans l'Extrême-
Orient les bénéfices d'un commerce qui était en Europe la plus sûre garantie de son indépendance contre
les projets de conquête du Grand Roi (1). »

La nouvelle de la révolution de Siam ne parvint en
France que vers la fin de 1689 ; Tachard, dont l'am-

_______________

(1) Lucien Lanier, *déjà cité.*

bition démesurée prévoyait un retour possible au Siam, ne cessait de flatter les mandarins siamois en embassade à Paris. Pendant ce temps, Seignelay réunissait à Brest et au Port-Louis une escadre, composée de six vaisseaux, sous les ordres de Duquesne-Guitton, neveu du grand Duquesne ; le *Gaillard*, monté par Duquesne, comptait 450 hommes d'équipage et 48 canons ; l'*Oiseau*, commandé par M. le chevalier d'Aire, capitaine de frégate, avait le même effectif et la même artillerie ; le *Florissant*, commandé par M. Joyeuse, capitaine de frégate, et l'*Ecueil*, commandé par M. Hurtain, lieutenant de vaisseau, comptaient chacun 350 hommes d'équipage et 38 canons ; le *Dragon*, commandé par M. de Quistillic, et le *Lion*, commandé par M. de Chamoreau, ne comptaient que 50 hommes et 24 canons. L'escadre rapatriait les mandarins siamois et comptait, comme passagers, des marchands, des commis de la Compagnie des Indes, des missionnaires et le P. Tachard.

La France était alors engagée dans la guerre de la Ligue d'Augsbourg ; une coalition s'était formée contre elle ; aussi notre marine ne chômait-elle pas. Duquesne-Guitton fut obligé de batailler ; le branle-bas de combat fut maintes fois ordonné, particulièrement devant Madras ; mais quand le canon tonnait, le P. Tachard descendait à fond de cale... Le missionnaire Poivre tiendra, en 1745, une tout autre conduite à bord du *Dauphin*, dans le détroit de Banca.

Duquesne-Guitton toucha à Ceylan, à Pondichéry, à Hoogly et à Balassor, mais ne put, par suite des gros temps et des maladies, atterrir à Mergui. Duquesne laissa à Balassor les mandarins siamois, qui gagnèrent

Mergui sur une jonque malaise ; ils avaient promis d'adoucir les rigueurs dont nos malheureux compatriotes, restés à Siam, étaient l'objet. Quand ces mandarins quittèrent le *Gaillard*, Tachard leur fit envoyer un salut de cinq coups . de canon. « La France brûlait encore une fois sa poudre... aux Siamois (1). »

Le P. Tachard débarqua à Pondichéry : « En partant du *Gaillard* pour rester à terre, Son Excellence a été saluée de cinq coups de canon. Je veux pieusement croire que son humilité ne s'attendait point à cet honneur ; que même il aurait empêché qu'on le lui rendit, s'il avait prévu qu'on le lui rendrait.... Hélas ! sa modestie a été trompée ! (2). » Le Père gagna le Siam, où il voulut se poser comme ambassadeur du Roi ; ses intrigues échouèrent misérablement ; il revint en France et s'obstina à présenter au gouvernement un mémoire dans lequel il faisait ressortir les avantages d'une occupation française à Mergui et à Ténassérim. Sondé à ce sujet par M^er Kémener, évêque de Sura, Phra-Phet-Raxa éconduisit le prélat. L'usurpateur mourut en 1703 ; jusqu'à ses derniers moments, il avait repoussé les avances de la France.

En perdant Siam, la Compagnie des Indes perdait d'un seul coup des avantages immenses : « La situation du royaume entre deux golfes, où il occupe cent soixante lieues de côtes sur l'un et environ deux cents sur l'autre, aurait ouvert la navigation de toutes les mers de cette partie de l'univers. La forteresse de Bangkok, bâtie à l'embouchure du Ménam, qu'on

(1) Lucien Lanier, *déjà cité.*
(2) *Journal d'un voyage aux Indes-Orientales,* 1721.

avait remise aux Français, était un excellent entrepôt pour toutes les opérations qu'on aurait voulu faire à la Chine, aux Philippines, dans tout l'Est de l'Inde. Le port de Mergui, le principal de l'Etat, qu'on leur avait aussi cédé, leur donnait de grandes facilités pour la côte de Coromandel, surtout pour le Bengale... (1). »

« Le commerce de Siam, qui n'a eu qu'une courte durée, mais brillante à la vérité, était d'autant plus avantageux à la France, qu'il roulait principalement sur des objets d'échange, avantages qu'elle n'avait pas ni à la Chine, ni au Bengale. Aussi la perte des établissements de Siam fut envisagée par la Compagnie et par le gouvernement comme une perte réelle et irréparable (2). »

Le successeur de Phra-Phet-Raxa fit, dans la suite, savoir à M. de Pontchartrain que tous les ports de son royaume étaient ouverts à la Compagnie des Indes, qui pouvait y installer des comptoirs et jouir des mêmes avantages que les Hollandais. Quelque temps après, survint une révolte d'un talapoin contre l'autorité royale : les Pégouans avaient pris fait et cause pour le rebelle, et s'étaient emparés de Mergui. M. le marquis de la Roques, chef d'une escadre française dans les eaux siamoises, offrit son concours au roi pour la répression de la révolte. « Le roi fut si satisfait, qu'il dit devant toute la cour qu'il n'avait pas de meilleurs amis que les Français. Il envoya à M. de la

_______________

(1) Raynal, _déjà cité_.

(2) _La France en Chine au XVIII<sup>e</sup> siècle_, Henri Cordier, 1883 ; extrait d'un mémoire du sieur d'Arrac (1820).

Roques une robe magnifique et une veste pareille à celle que Sa Majesté portait (1). »

Depuis cette époque les rapports entre la France et le Siam restèrent nuls jusqu'en 1856, à l'arrivée de M. de Montigny à Bangkok. Aussitôt après la signature des traités de 1815, les nations commerçantes cherchèrent à renouer des relations avec les souverains de la nouvelle dynastie; les descendants de Phra-Naraï avaient disparu au moment de l'invasion des Birmans en 1767. Une nouvelle dynastie était montée sur le trône en 1782. Les Anglais, toujours les premiers, envoyèrent à Siam sir John Crawfurd, qui ne put réussir dans ses négociations; en 1826, la Grande-Bretagne obtint une convention dont les clauses demeurèrent inexécutables. Les Etats-Unis ne furent pas plus heureux en 1833. Ce ne fut qu'en 1851, à l'avènement de Phra-Maha-Mongkut, que les nations occidentales purent renouer et poursuivre les relations avec le royaume de Siam. N'étant encore que prince royal, le prince *Choufa* Mongkut avait montré des dispositions extraordinaires, surtout pour les sciences exactes : les relations fréquentes, qu'il entretint avec les missionnaires, ouvrirent son intelligence aux choses du dehors. « Tout porte à croire que c'est à partir de ce moment que germèrent en son esprit les vues larges et civilisatrices qui firent plus tard de son règne une époque relativement libérale, puisqu'il favorisa l'entier développement du commerce, de l'industrie et de l'instruction, et qu'il établit en principe la liberté des cultes (2). » Dès son couronnement qui eut lieu

_____

(1) M<sup>gr</sup> Pallegoix, *déjà cité.*
(2) *Le Royaume de Siam*, Amédée Gréhan, 1878.

le 2 juin 1851, Phra-Maha-Mongkut fit tous ses efforts pour développer les relations de Siam avec les puissances étrangères : le 18 avril 1855, Sir John Bowring signa, au nom de l'Angleterre, un traité de commerce et d'amitié ; le 29 mai 1856, les Etats-Unis, représentés par M. Harris, signèrent un traité analogue au précédent ; enfin le 15 août 1856, M. de Montigny s'engageait au nom de la France.

Quelques années auparavant, le Prince-Président de la République française avait envoyé à Siam l'amiral Laguerre, commandant la station navale de l'Indo-Chine ; la guerre de Crimée n'avait pas permis à cet officier général de remplir la mission qui lui avait été confiée.

Les ratifications du traité de 1856 furent échangées à Bangkok le 24 août 1857 ; les clauses les plus importantes étaient les suivantes : les sujets de chacun des deux pays jouiront d'une pleine et entière protection pour leurs personnes et leurs propriétés et auront réciproquement droit à tous les privilèges et avantages qui sont ou pourront être accordés aux sujets des nations étrangères les plus favorisées ; droit réciproque de nommer des consuls et agents consulaires, qui jouiront de tous les privilèges et immunités accordés dans leur résidence aux agents de même rang de la nation la plus favorisée ; libre exercice du culte chrétien pour les sujets français ; liberté de commerce ; les bâtiments de guerre français pourront pénétrer dans le fleuve et jeter l'ancre à Packnam, mais ils devront avertir l'autorité siamoise pour remonter jusqu'à Bangkok, et s'entendre avec elle relativement à l'endroit où ils pourront mouiller. Un réglement

spécial, auquel le commerce français devait être soumis dans le royaume de Siam, était annexé au traité.
« Nous rentrions alliés dans un pays d'où nous n'étions sortis autrefois, après y avoir reçu un accueil inespéré, que parce que nous avions tenté de le dominer, à l'instigation d'un ambitieux aventurier qui exploitait dans des vues personnelles le Gouvernement trop confiant de la France (1). »

Le premier consul de France à Siam est M. de Castelnau qui fut reçu le 25 octobre 1858 par S. M. Mongkut : M⁇ l'évêque de Mallos remplissait les fonctions d'interprète. M. de Castelnau adressa au roi un discours auquel Sa Majesté Mongkut répondit en rappelant les relations de Louis XIV avec Phra-Naraï : « Des changements de dynastie tant en France qu'à Siam, comme aussi des révolutions, ont été cause de l'interruption des relations amicales et commerciales entre les deux royaumes ; ceci eut lieu, parce que, dans ces temps passés, il n'y avait pas à Siam de représentant du royaume de France qui pût entretenir la bonne harmonie entre les deux nations (2). »

La France, engagée effectivement depuis le mois d'août dans sa guerre contre le royaume d'Annam, n'allait pas tarder, par suite de son ingérence dans les affaires du Cambodge, à être éclairée sur les bonnes dispositions de Siam à notre égard.

---

(1) Etienne Gallois, *déjà cité.*
(2) *Moniteur universel* du 16 déc. 1858.

# CHAPITRE III

## LES PREMIÈRES RELATIONS ENTRE LA FRANCE ET L'ANNAM

Définitions géographiques. — Le P. Alexandre de Rhodes (1624).
— Premières relations politiques (1653). — Le Chappelier et
Verret (1686). — Incident de la *Galathée* (1720). — Dumont
(1748). — Poivre (1749). — Dupleix et Vo-Vuong (1753). —
Bennetat (1753). — S<sup>t</sup>-Phalle et Protais-Leroux (1755).

Avant d'entreprendre le récit des premières relations entre la France et l'Annam, il nous paraît
indispensable de bien définir, au point de vue géographique, ce que l'on entendait jusque vers la fin du
XVII<sup>e</sup> siècle par Tonkin, Annam, Cochinchine,
Ciampa et Cambodge.

« Plusieurs géographes, Malte-Brun entre autres,
avaient pensé que le nom de Cochinchine était d'origine japonaise (*Cotchi-Djina*) et signifiait contrée de
l'ouest de la Chine ; mais M<sup>gr</sup> Terabt démontre que ce
nom est d'origine européenne, et a été introduit par
les Portugais qui, trouvant quelque ressemblance
entre la côte d'Annam et celle de Cochin, ont désigné
le pays par le nom de Cochin-China : le fait est que
les naturels, aussi bien que les Chinois, ne le
connaissent que sous le nom d'Annam, qui signifie
paix du Sud (1). » Ces deux étymologies sont fausses.

(1) *La Chine et la Cochinchine*, Roy, 1877.

Selon l'abbé Launay, des Missions étrangères, le mot Tonkin dérive du mot *Dong-Kinh*, nom sous lequel on désignait autrefois la ville de Hanoï. Le mot Cochinchine vient de *Cao-Chen-Chin*, nom sous lequel les Chinois désignaient le Ciampa. Dans les observations préliminaires de son *Histoire d'Annam*, l'abbé Launay dit explicitement que les deux expressions de Tonkin et de Cochinchine n'ont jamais été employées par les Annamites.

Sous le nom d'Annam, on désignait autrefois le Tonkin actuel et, plus tard, l'ancien Ciampa. Dans son *Exposé chronologique*, M. Charles Lemire ajoute que le pays d'Annam ou des Giao-Tchi (expression chinoise qui signifie doigts écartés), n'était qu'un gouvernement, qu'une vice-royauté, composée de plusieurs provinces dépendant de l'Empereur de la Chine, qui en nommait les gouverneurs. C'est, en effet, vers le commencement du XVe siècle, que les Annamites ont secoué le joug de la domination chinoise : cette révolution s'accomplit en 1428. A cette époque, les Annamites n'habitaient que le Tonkin, c'est-à-dire le delta du Song-Coï. Tout le pays compris entre la région montagneuse située au nord de Hué jusqu'à la province française actuelle de Baria appartenait alors au Ciampa, habité par une population de race malaise et indépendante.

Quant au Cambodge, il comprenait alors toute la vallée inférieure du Mékong, depuis le Tonlé Repou au nord, jusqu'à la mer de Chine au sud ; il s'étendait en largeur depuis les pays situés à l'ouest du Tonlé-Sap jusqu'aux pays montueux des Moïs à l'est. Le Cambodge comprenait donc toute la Basse-Cochin-

chine française de nos jours et le territoire du royaume
actuel, augmenté des riches provinces d'Angkor et de
Battambang, cédées maladroitement au Siam en 1868.

Revenons à l'explication des mots Cochinchine et
Annam, s'appliquant actuellement au pays compris
entre la frontière chinoise du Yunnan, du Kouang-Si
et du Kouang-Tong au nord jusqu'à la frontière siamoise au sud. Nous avons dit précédemment qu'au
début le mot Annam ne s'appliquait qu'au Tonkin. En
1570, en effet, un groupe de mandarins, de soldats
mécontents et de gens du peuple vint, sous la conduite
d'un certain Taoï-Cong s'établir dans le Ciampa, aux
environs de Hué. Ce Taoï-Cong se déclara roi et commença les guerres de conquêtes contre les Ciampois
qui, vers la fin du XVII$^e$ siècle, avaient complètement
perdu leur nationalité : ils sont maintenant dispersés,
sous le nom de Chams, dans toute l'Indo-Chine méri-
dionale et surtout dans le Binthuan. Ainsi donc, tout
le Ciampa, de Hué au Binthuan actuel inclus, était
devenu pays Annam.

Après le tour des Ciampois vint celui des Cambodgiens : en 1658, le roi du Cambodge, ayant violé les
frontières de son nouveau voisin, fut battu et fait prisonnier. Il ne recouvra la liberté qu'en cédant la province de Baria et en reconnaissant la suzeraineté de
l'Annam.

Après la chute de la dynastie des Minh, en Chine,
et son remplacement par la dynastie mandchoux, un général en chef du Kouang-Tong débarqua à Tourane avec
3,000 hommes et une soixantaine de jonques. Le souverain annamite, Hien-Vuong, désirant se débarrasser
de ces hôtes dangereux, les envoya en Basse-Cochin-

chine, dans le pays de Gia-Dinh. Ces Chinois s'établirent donc, en 1680, sur la rive gauche du Cua-Tieu, aux environs de Mythô, et sur le Donnaï inférieur, à hauteur de Bienhoa : c'est même cette dernière colonie chinoise qui fonda ultérieurement Cholon.

En 1689, eut lieu une nouvelle invasion annamite : le roi du Cambodge, qui résidait alors à Prey-Nokor (nom cambodgien de Saïgon), fut battu et obligé de fuir à Oudong, sur la rive droite du Tonlé-Sap, après avoir cédé à l'Annam tout le bas delta du Mékong. Dans le cours du XVIII$^e$ siècle, l'Annam s'empara successivement sur les Cambodgiens de Hatien (1715), de Vinhlong (1733) et de Chaudoc (1765). Ben-Nghê ou Saïgon devient dès lors la résidence du vice-roi annamite : ce n'est donc qu'à la fin du XVIII$^e$ siècle que les Annamites se sont rendus maîtres de la Basse-Cochinchine (1).

Plus tard, nous verrons Gialong conquérir le Tonkin (1802) avec l'aide d'officiers français. Ce court exposé historique suffit pour montrer comment cette appellation d'Annam, réservée primitivement au Tonkin actuel, s'est étendue au royaume tel que nous le trouverons au moment de la conquête (1859).

Les premiers Français, qui pénétrèrent en Annam, furent des missionnaires appartenant soit à la Compagnie de Jésus, soit à la Société des Missions Etrangères. Le plus célèbre d'entre eux était le P. Alexandre de Rhodes, qui aborda en Cochinchine en 1624, sous le règne de Saï-Vuong. De Cochinchine, le P. de Rhodes se rendit au Tonkin en 1626, revint en Co-

(1) *L'Annam et le Cambodge;* abbé Bouillevaux 1874, et *Histoire de l'Annam;* abbé Launay, 1884.

chinchine en 1640 et retourna en France en 1649 pour
coopérer à la fondation des Missions Etrangères : ce
Père publia, en 1650, la première carte de l'Annam.

« Le P. Alexandre de Rhodes est un profond obser-
vateur, et, pendant son séjour en Indo-Chine, il a su
se rendre un compte exact de la situation du pays et
des mœurs des habitants. Il s'était adonné à l'étude
de la langue annamite, et il est ainsi le premier Européen qui en ait eu une connaissance sérieuse. Son
dictionnaire annamite-latin-portugais est resté une
œuvre remarquable de patience et d'érudition. Dans
les différents écrits qu'il a publiés sur le Tong-Kin et
la Cochinchine, auxquels il donna le nom générique
d'Annam, il se fait toujours remarquer par sa véra-
cité et une grande exactitude (1). » Son *Histoire du
Tonkin* a été publiée en latin à Lyon en 1652.

« En parlant du Tong-Kin, le P. Alexandre de
Rhodes traite longuement du commerce. Pour lui, le
Tong-Kin, par sa situation, son voisinage avec la
Chine, se prête merveilleusement aux entreprises et
peut devenir le siège de transactions importantes. Les
Chinois y venaient en grand nombre, ils y apportaient
des porcelaines, des toiles peintes et en tiraient des
soieries et du bois d'aloès. Les Japonais s'y livraient
autrefois à un trafic considérable, mais depuis vingt-
cinq ans, ils avaient cessé de paraitre dans le pays,
il y avait ainsi une place à prendre et, en s'y établissant, des marchands d'Europe pouvaient y trouver
une source féconde de profits et de richesses (2). »

Toutefois, ce n'est que de la fondation de la Société

_______

(1) Castonnet-Desfossés, *déjà cité*.
(2) *Idem*.

des Missions étrangères (1653) que datent les premières relations politiques entre la France et l'Indo-
Chine. Ce sont NN. SS. Pallu et de la Mothe-Lambert
qui furent les premiers vicaires apostoliques français
sous le règne de Lê-huyen-tong-muc; d'autres
missionnaires les y suivirent. D'après une lettre de
M. Boureau-Deslandes, directeur du comptoir français
de Siam, adressée à M. Baron, directeur général de
la Compagnie des Indes, en date du 26 décembre 1682,
le *Saint-Joseph* avait quitté Bangkok le 15 juillet de
la même année, ayant à bord NN. SS. de Bourges et
Lefebvre; ce dernier prélat allait porter au roi du
Tonkin une lettre de Louis XIV dans laquelle le
Grand Roi sollicitait de Lê-hi-tong l'autorisation
pour les missionnaires de prêcher la religion catholique. A la même date, M^gr de Métellopolis partait
pour Hué avec des présents destinés à Hien-Vuong :
parmi ces présents se trouvaient même deux pièces de
canon offertes par la compagnie des Indes qui voulait
se concilier les bonnes grâces du *Chua* de Hué. Le
*Chua*, d'après l'abbé Launay, était le seigneur qui
avait le commandement général de toutes les troupes,
distribuait les dignités et levait les impôts; le *Vua*
était le roi auquel les troupes prêtaient serment de
fidélité et au nom duquel étaient faits tous les actes
du Gouvernement.

X Profitant de la présence de leurs compatriotes en
Cochinchine, les directeurs des comptoirs de la Compagnie des Indes, y envoyèrent plusieurs agents, tels
que Le Chappelier et Verret, pour reconnaître des
emplacements favorables à l'établissement des comptoirs. Verret avait conseillé l'occupation de Poulo-

Condore : « Il y a ici, écrivait-il le 5 novembre 1686, plusieurs iles inhabitées où toutes les épiceries viendraient très bien et en très grande abondance... Poulo-Condore est l'ile qui serait la plus propre à cet établissement ; les épiceries y viendraient à merveille... Elle a trois bons ports, plusieurs petits ruisseaux et une rivière, une verdure la plus agréable du monde ; il faut que les vaisseaux de la Chine, Tonquin, Macao, Manille, Cochinchine, etc., qui veulent faire commerce dans les Indes viennent reconnaitre cette ile de fort près, de même que les vaisseaux des Indes qui veulent aller dans les mers de Chine, anglais et hollandais, y passent en allant et revenant ; ce passage est aussi avantageux que si l'on avait les deux détroits de la Sonde et de Malacca. De plus, il faut compter le commerce du Cambodge et du Laos comme quelque chose de considérable, car outre qu'ils ont les mêmes marchandises qu'à Siam, de plus ils ont de l'or, du benjoin, du musc, des rubis, de l'ivoire, du bois d'aigle, enfin plusieurs marchandises considérables (1). »

Trente-sept ans plus tard, le commis Renauly émettait l'avis contraire : dans son rapport adressé le 27 juillet 1723 aux directeurs de la Compagnie, il donne une description peu favorable de Poulo-Condore, surnommée Isle d'Orléans :

« Dans le Nord-Est de la grande baie, l'on voit une anse de sable d'environ trois quarts de lieue de long et dans le fond une plaine sablonneuse et marécageuse d'environ demi-quart de lieue de large où sont dispersées de part et d'autre et sans ordre les cases des

_______

(1) *Archives du Minist. de la Mar. et des Col.*

insulaires, au nombre de quarante à cinquante environ, construites de bambou et couvertes d'herbes de marais, assez mal bâties. C'est là aussi que l'on découvre les vestiges du fort des Anglais, un mauvais magasin, un four et des morceaux de porcelaine cassée : ils n'ont occupé cette île que pendant cinq ou six ans, et, depuis dix-huit à vingt ans qu'ils furent égorgés par les Malais qu'ils avaient pris à leur service, ils n'ont fait aucune démonstration d'y revenir s'établir : apparemment que cet établissement leur coûtait plus qu'il ne produisait... Les insulaires peuvent être au nombre de deux cents personnes au moins... Ce sont des échappés du Cambodge et de la Cochinchine qui restent ici par des raisons particulières, qu'ils n'ont garde de découvrir, mais que l'on peut conjecturer. » Le commis Renauly continue son rapport en démontrant que la richesse de l'île est plus que minime et que la construction d'un fort demanderait de grandes dépenses et souffrirait de grandes difficultés; enfin il conclut de la façon suivante : « Voilà une description exacte et sincère de l'île de Poulo-Condore ou d'Orléans, qui nous parait être une île à abandonner plutôt qu'à occuper. C'est à la Compagnie Royale des Indes à tirer de ce mémoire les conséquences convenables à ses intérêts; à voir si elle veut absolument, à quelque prix que ce soit, former un établissement dans cette île et juger si l'utilité et le profit, qu'elle espère en tirer, peuvent être proportionnés aux dépenses excessives qu'il lui conviendrait de faire pour la former, l'entretenir et la conserver soit en temps de paix, soit en temps de guerre (1). »

(1) *Archives du Minist. de la Mar. et des Col.*

Sous Minh-Vuong, la situation se tendit légèrement :
en 1720, la frégate française la *Galathée*, commandée
par le capitaine Legac, croisait sur les côtes d'Annam :
se trouvant par le travers de Phanri, port du Binthuan, elle envoya un canot faire de l'eau et des vivres
frais. Les deux officiers, qui se trouvaient dans ce
canot, furent retenus par les Annamites. Le second
de la *Galathée*, M. Gravé de la Bellière, descendit à
son tour pour réclamer ses officiers. Le P. Charles
Gouge, missionnaire, joignit ses instances à celles du
second : les négociations durèrent un mois, et, en fin
de compte, le commandant Legac dut donner 420
piastres d'Espagne pour racheter ses officiers (1).

Les Annamites jouèrent à ce sujet une petite comédie, dont l'objet était de faire retomber la responsabilité de ce guet-apens sur les Ciampois, récemment
conquis par eux. D'après l'abbé Bouillevaux, les officiers de la *Galathée*, accompagnés du P. Gouge, furent
introduits dans la salle d'audience, où le roi Ciampois,
assis sur un trône, était entouré de grands mandarins
et de gardes ; à droite du prince se trouvait un mandarin cochinchinois. « C'était lui sans doute qui était
le maître : les autres n'étaient que des marion-
nettes (2). »

Sous Lê-hien-tong (1740-1786), eurent lieu plusieurs tentatives de rapprochement entre la France et
l'Annam ; en 1748, la Compagnie des Indes envoya un
de ses agents, le sieur Dumont, qui proposait, à la
suite de son rapport, de s'établir à Coulao-Cham, près
de Faï-Foo. « Il s'attachait à faire ressortir les avan-

(1) *Notes sur la Cochinchine*, par Le Grand de la Liraye.
(2) *Le Ciampa*, abbé Bouillevaux (*Annales de l'Extrême-Orient*).

tages d'un cabotage qu'il nous était facile d'établir entre le Cambodge, la Cochinchine, le Tong-Kin et la Chine. Nous aurions recruté notre personnel parmi les Cochinchinois, dont nous pouvions faire d'excellents matelots (1). »

L'année suivante, P. Poivre arrivait en Indo-Chine : P. Poivre était un missionnaire qui avait séjourné deux ans en Cochinchine et à Canton, où il avait su se concilier les bonnes grâces du vice-roi. Il revenait en France, en 1745, sur le *Dauphin*, lorsque son navire fut attaqué dans le détroit de Banca par l'escadre du commodore Barnett.

En ce moment, la France était engagée dans la guerre de la succession d'Autriche et les Anglais couraient sus à tous nos bâtiments, voulant étouffer notre influence à peine naissante en Extrême-Orient. Poivre tint pendant le combat une conduite héroïque : ne pouvant, comme serviteur de l'Eglise, prendre une part directe à la lutte, il allait d'un bout à l'autre du *Dauphin*, excitant les matelots de la voix et du geste. Un boulet lui enleva le poignet droit; bientôt après, l'équipage était obligé de se rendre, et le *Dauphin*, amariné, fut conduit à Batavia, où les Anglais, ne sachant que faire de leurs prisonniers, leur rendirent la liberté. Poivre put gagner Pondichéry et revenir en France avec La Bourdonnais ; par suite de sa blessure, il quitta les Missions étrangères et devint agent de la Compagnie des Indes, à laquelle il présenta deux projets : l'un regardant l'ouverture du commerce et l'établissement d'un comptoir à la Cochinchine ; l'autre

(1) Castonnet-Desfossés, *déjà cité*.

ayant pour objet l'acquisition des plants d'épiceries
fines pour les îles de France et de Bourbon. « Les
curieuses observations et les grandes vues qu'il rap-
portait de l'Asie, jointes à la perfection avec laquelle
il parlait le chinois, le cochinchinois et le malais,
fixèrent sur lui l'attention de la Compagnie des Indes
et le firent choisir, dans l'année 1749, pour aller, en
qualité de ministre du Roi à la Cochinchine, fonder,
sur des liaisons d'amitié, une nouvelle branche de
commerce (1). »

Poivre quitta Lorient sur le vaisseau le *Montaran*,
en partance pour la Chine, et arriva à l'Isle de France
le 13 mars 1749; la Compagnie prescrivait au gouverneur de la colonie « d'armer un vaisseau exprès pour
aller d'abord ouvrir un commerce à la Cochinchine et
y établir un comptoir s'il était possible: elle se proposait de faire de ce comptoir un point d'appui dans les
mers de Chine, tant pour tirer du pays les objets de
commerce qu'il peut fournir que pour se procurer ceux
de la Chine même... Enfin les vues de la Compagnie
étaient alors les mêmes que celles qui avaient fait
tenter en 1720 un établissement à Poulo-Condore,
établissement qui avait été jugé nécessaire pour la
sûreté et l'extension de notre commerce dans les mers
de la Chine (2). »

Le gouverneur de l'Isle de France arma un bri-
gantin, le *Sumatra*, prise anglaise de 160 tonneaux,
bâtiment incapable de supporter une longue traversée ;
parti du Port-Louis le 16 avril 1749, le *Sumatra* dut

(1) *Œuvres complètes de P. Poivre*, 1797.
(2) *Archives du Minist. de la Mar. et des Col.* (Rapport de la mission du
sieur Poivre à la Cochinchine et autres lieux...)

relâcher à Pondichéry, une voie d'eau considérable
s'étant déclarée. Dupleix, alors gouverneur-général de
l'Inde, et son neveu Friel, conseiller de la Compagnie,
cherchèrent à traverser les projets de Poivre ; une
lettre de ce dernier, datée du 1er juillet 1749 et adressée
aux membres du comité secret de Pondichéry, nous
donne le récit de ses tribulations.

« Si vous voulez bien jeter les yeux sur mes dernières lettres, vous verrez que j'étais déterminé, en
cas d'une trop longue traversée de l'Isle de France à
Ceylan, de passer tout droit de cette dernière île à
Malacca, afin de pouvoir arriver de bonne heure à la
Cochinchine ; mais je n'ai pas été le maître de prendre
un parti aussi convenable, parce que nous n'avions plus
que cinq ou six barriques d'eau pour environ 80 hommes
que nous étions ; et d'ailleurs notre voie d'eau était
trop considérable... Aussi n'ai-je pu me dispenser
d'aller à Pondichéry. Nous y sommes arrivés le 21
juin ; le même jour, notre capitaine, M. Estouban, a
fait sa déclaration sur la voie d'eau du *Sumatra*.
M. Dupleix, après les premiers interrogatoires au sujet
de notre voyage, dont il ignorait absolument l'objet,
s'est beaucoup récrié sur ce qu'on ne l'avait pas consulté
avant de former l'entreprise. Vous me dispenserez,
Messieurs, de vous rapporter ici les termes dont s'est
servi ce gouverneur qui vous doit toute son autorité...
J'aurais bien des choses à vous dire sur toutes les
difficultés qu'on m'a fait éprouver. Je me contenterai
de vous faire remarquer qu'on aurait bien voulu ici
avoir tout l'honneur ou les profits de l'entreprise dont
vous m'avez chargé... Comme je ne néglige aucune des

précautions qui pourraient me faciliter la réussite de
mon projet, j'ai demandé. à M. Friel communication
des connaissances qu'il peut avoir acquises dans le
voyage qu'il a fait en Cochinchine. Je lui ai demandé
de plus, en votre nom, une chappe (lettres patentes) qu'il
a obtenue du roi, dont l'utilité est assez incertaine. Je
croyais m'adresser à un serviteur zélé et reconnaissant, j'ai trouvé un marchand intéressé qui m'a demandé 5,000 pagodes pour son morceau de papier, et m'a
refusé entièrement de me faire part des connaissances
que je lui demandais. J'ai tâché de mettre son oncle,
M. Dupleix, dans mes intérêts ; ce monsieur a appuyé
les prétentions de son neveu et m'a cependant engagé
à présenter au. Conseil une requête pour le prier de
vouloir bien employer ses bons offices auprès de
M. Friel... Ma requête présentée, M. Friel, d'accord
avec son oncle, en a demandé communication, et sur
la mienne, en a fait une autre dans laquelle il demande
au Conseil 5,000 pagodes pour se dessaisir de sa
chappe... J'ai tâché de l'engager, le plus poliment
qu'il m'a été possible, à saisir cette occasion pour
prouver à la Compagnie sa bonne volonté, l'exhortant
à s'en rapporter à votre générosité et l'assurant que
vous auriez plus d'égards à la façon dont il offrirait la
chappe qu'à la valeur de la chappe même... Je lui ai
ajouté que tout autre que lui s'estimerait heureux
d'avoir une telle occasion pour reconnaître les
bontés de la Compagnie, dont il est ici nommé conseiller avant de l'avoir jamais servie. M. Friel ne m'a
répondu que par des discours auxquels j'ai de la peine
à donner l'épithète convenable... Tout le Conseil est

convenu que sa réponse était plus que suffisante pour faire chasser du Conseil tout autre qu'un neveu de M. Dupleix (1). »

Le *Sumatra* ayant été jugé hors d'état de poursuivre le voyage, Dupleix mit à disposition de Poivre le *Machault*, commandé par M. Christy Pallière, qui mit à la voile le 10 juillet. Le Conseil de Pondichéry avait remis à Poivre les instructions les plus détaillées : « L'arrivée d'un navire de 30 canons, armé de 200 blancs, peut causer des inquiétudes à la cour ; c'est pourquoi le sieur Poivre doit s'étudier à les rassurer et fera bien de ne pas parler tout d'abord du dessein qu'il a d'y faire un établissement ; après qu'il aura eu le temps de bien examiner l'endroit qui convient le mieux aux intentions de la Compagnie, et que l'exacte discipline qu'il aura fait observer à ses équipages, aura convaincu les Cochinchinois que nous sommes gens paisibles, qui ne cherchent que le bien de leur royaume, c'est ce moment qui nous paraît le plus convenable pour prier le roi d'y laisser rester du monde pour attendre un second vaisseau, qui vient avec des présents, et lui demander du terrain pour y faire une loge... Tourane paraît l'endroit le plus propre. Le sieur Poivre doit s'attendre à être traversé par les missionnaires portugais .. Les Chinois travailleront de leur côté à faire naître tous les jours de nouvelles histoires. Il serait à souhaiter qu'on pût introduire dans le palais un chirurgien français comme médecin du roi. Il supplanterait en peu de temps le P. Louveyro, jésuite portugais, et par là, on aurait les entrées tout

_____
(1) *Archives du Minist. de la Mar. et des Col.*

à fait libres... Nous serions d'avis, si la chose était possible, que l'établissement que l'on se propose de faire, soit à Tourane, soit à l'entrée de Faï-Foo, fût isolé et placé sur quelque île où la sûreté serait toujours plus certaine et moins sujette à inconvénients que sur la terre ferme...

Fait et arrêté en la Chambre du Conseil supérieur.

Pondichéry, le 5 juillet 1749.

*Signé :* Dupleix, de Saint-Paul, Gaillard, Lemaire, Boyetteau, Friel (1). »

Le *Machault* arriva à Faï-Foo le 29 août 1749 : la saison des pluies commençait et les marchands avaient quitté la côte insalubre pour se retirer sur les contreforts des montagnes : de plus, les jonques chinoises et un vaisseau de Macao avaient enlevé presque toutes les marchandises. Poivre se rendit alors à Hué et obtint de Vo-Vuong, alors *chua* du sud, la permission de commercer dans ses Etats. « Il négocia avec le roi et obtint de lui des lettres patentes par lequel ce prince accorde pour la première fois aux Français, jusques-là inconnus à la Cochinchine, la permission de faire le commerce dans toute l'étendue de son royaume : il obtint en même temps la liberté d'établir un comptoir dans le port de Faï-Foo. »

« Il prétend que ces permissions sont les premières qui aient été accordées par le gouvernement cochinchinois à une nation d'Europe. Celles, qui auraient été obtenues précédemment par des négociants de Macao, ne regardaient qu'un ou deux particuliers. Les

---

(1) *Archives du Minist. de la Mar. et des Col.*

Hollandais n'ont osé les solliciter que quelques années après, en suivant nos traces, et, jusqu'ici, ils sont les seuls qui en partagent avec nous le privilège... (1). »

Poivre quitta Faï-Foo, le 11 février 1750, porteur d'une lettre de Vo-Vuong à Louis XV : « Je vous écris cette lettre, disait le *chua*, pour vous donner des assurances de mon respectueux attachement. C'est avec beaucoup de reconnaissance à votre égard que j'ai appris qu'il était arrivé à un des ports de mon royaume un de vos vaisseaux auquel vous avez fait passer les eaux vertes pour venir me voir... Je serais bien aise qu'il y eût dorénavant entre votre royaume et le mien une union si étroite qu'ils ne soient plus que comme s'ils n'étaient qu'un (2). »

Poivre a rédigé un journal détaillé de ce voyage en Cochinchine : « La situation de Faï-Foo, concluait-il, n'est pas commode pour l'établissement d'un comptoir. Il en coûterait trop à la Compagnie pour transporter les marchandises par mer en descendant la rivière ou en la remontant depuis cette ville jusqu'à la baie de Tourane, qui en est éloignée de quatre ou cinq lieues. Il semble qu'il serait mieux placé à la pointe de la rivière de Tourane dont le territoire paraît propre à bâtir des magasins vastes et commodes (3). »

En somme, la mission de Poivre avait réussi ; car si elle n'avait pu installer le comptoir projeté, elle avait du moins créé les premières relations politiques entre la France et l'Annam. C'est donc bien à tort que M. l'abbé Bouillevaux écrivait en 1874 : « Pierre

(1) *Rapport de la Mission Poivre,* déjà cité.
(2) *Archives du Minist. de la Mar. et des Col.*
(3) *Archives du Minist. de la Mar. et des Col.*

Poivre se rendit à la cour de Hué, pour y ménager un traité de commerce entre le gouvernement de Louis XV et celui du monarque cochinchinois : mais il n'eut pas à se louer des procédés de ce dernier. L'entreprise échoua (1). » Par contre, M. l'abbé Launay reconnaît que « la mission de Poivre aurait pu cependant avoir quelque résultat, si les désastres, qui bientôt ruinèrent la Compagnie des Indes, n'avaient empêché cette Compagnie de donner suite à son projet (2). »

Poivre, de retour en France, vint se fixer à Lyon : le roi, sur la proposition du contrôleur-général Bertin, lui accorda une gratification de 20,000 francs : l'Académie des Sciences lui décerna le titre de correspondant. Quelques mois après, Louis XV le nommait intendant des Isles de France et de Bourbon ; Poivre revint définitivement en France en 1773 : la disgrâce l'attendait à Versailles et il fallut toute l'influence de Turgot pour rendre les bonnes grâces royales à celui qui avait représenté si habilement la France en Extrême-Orient.

Peu après le départ de Poivre, Dupleix envoyait de nouveau vers Vo-Vuong M<sup>gr</sup> Edme Bennetat, évêque d'Eucarpie ; le *chua* accueillit favorablement le prélat ; mais une persécution, qui vint à s'exercer contre les chrétiens (1753), amena la rupture des négociations.

Le 24 février 1753, un ancien missionnaire, l'abbé de Saint-Phalle, présenta au garde des sceaux un mémoire sur le commerce du Tonkin : « Ce royaume, écrivait-il, est un des plus puissants des Indes ;

(1) *Annam et Cambodge.*
(2) *Histoire d'Annam,* 1884.

quoiqu'il soit tributaire de la Chine, lui-même, cependant, fait la loi à des rois, ses voisins, comme à celui de Laos ; il est égal en grandeur aux deux tiers de la France ; il est composé de onze provinces dont quelques-unes sont très vastes ; sa ville royale, nommée Ké-Cho, m'a paru être égale en grandeur à Paris, et contenir autant d'habitants. J'y ai été plusieurs fois ; elle est située sur un fleuve nommé le Grand-Fleuve ; le nombre des bateaux en rend l'abord difficile ; il surpasse nos pensées.

» Il se trouve dans ce royaume un peuple innombrable, des bourgs et villes sans nombre ; plusieurs contiennent trente, quarante, cinquante mille habitants et même cent mille. Ce pays est arrosé par une infinité de fleuves, de rivières, de canaux qui portent bateaux ; on y trouve des fleuves aussi grands que les plus fameux d'Europe et d'Asie. La terre est d'une fertilité admirable... Le Tonkin est un pays ouvert à toutes les nations ; il y en venait effectivement de différentes. Les Anglais, les Hollandais, les Français, y ont eu des comptoirs... (1). »

Le Père eudiste continuait son mémoire en attirant l'attention du Garde des sceaux sur l'importance du commerce des étrangers, et particulièrement du commerce chinois ; il concluait ainsi : « Monseigneur le Garde des sceaux peut voir d'un coup d'œil dans cet abrégé le sujet dont il s'agit : si on fait attention que, dans la plupart des royaumes des Indes-Orientales, on débite peu de nos marchandises et que, dans celui-ci, on y en peut vendre de toute espèce, il me

_______________

(1) *Archives du Minist. de la Mar. et des Col.*

semble que, si ce commerce réussit, il serait un des meilleurs qu'on connaisse. Sur quoi, je fais deux propositions : 1° que le commerce du Tonkin peut être très avantageux ; 2° que ce commerce est aisé à tenter.

» Première proposition : ce commerce peut être avantageux pour l'Etat et pour la fleurissante mission du Tonkin. Il peut être avantageux pour l'Etat, parce qu'on y débiterait des marchandises de France, des Indes et de la Chine ; parce qu'il se trouve au Tonkin plusieurs branches considérables de commerce, le vernis, la soie, le cuivre, la cannelle, l'or, l'ivoire, l'ébène, l'écaille, la nacre de perles, différentes sortes d'ouvrages et d'étoffes et parce que les droits que tire ce roi ne sont pas si considérables qu'à la Chine ; parce que la dépense de la navigation n'est pas si considérable, ni les aliments si chers que dans d'autres pays. Ce commerce peut être très utile à cette Mission déjà composée de deux ou trois cent mille âmes ; qu'il peut adoucir peu à peu la rigueur des lois contre la religion, qui empêche la conversion de ce royaume. Ce roi a déjà souhaité qu'on lui envoyât des mathématiciens. Que serait-ce si on recherchait son alliance, et qu'on renouât le commerce heureusement commencé sous le règne de Louis XIV ?

» Seconde proposition : il serait aisé de tenter ce commerce ; on ne demande pas que la Compagnie des Indes commence par faire des frais et dépenses, ni qu'elle envoie dès à présent des vaisseaux ; elle le pourrait absolument ; mais de grandes raisons demandent qu'on commence par sonder les sentiments de cette cour et prendre tous les arrangements nécessaires pour établir une solide correspondance. Il serait de la dernière conséquence de n'employer à cette dernière affaire que des personnes d'une sagesse consommée, et qui entretinssent liaison avec les évêques et vicaires apostoliques qui sont eux-mêmes d'une vertu et d'une sagesse la plus épurée (*sic*).

» Charles de Saint-Phalle a l'honneur de présenter ces mémoires à Monseigneur le Garde des sceaux. Ledit de Saint-Phalle est prêtre et d'une ancienne noblesse ; ce qu'il est obligé de dire pour donner créance à ce qu'il avance. Après avoir travaillé douze ans aux Missions, dont il a passé huit ans au Tonkin, en ayant su promptement la langue, la dignité d'évêque lui avait été assurée, lorsque, par le conseil de personnes respectables, il est retourné en France (1). »

Le 15 mai 1755, le sieur Protais-Leroux, négociant et subrécargue à Surate, adressait à Mʳ de Séchelle, contrôleur général des finances, un rapport détaillé dans lequel il proposait de fonder un établissement à Poulo-Condore.

« La situation de cette île, écrivait-il, est des plus convenables aux vaisseaux de l'Europe qui vont en Chine, lorsqu'il s'agit de relâche et de se mettre à l'abri de quelques ennemis ; on peut hiverner, caréner, doubler et raccommoder solidement toutes sortes de vaisseaux dans le port du nord, avec des bois de construction que l'on aura en cas de besoin. Le port du sud pourra être aussi d'une grande utilité ; de sorte qu'en traitant ces habitants avec douceur, on aura d'eux tout le secours que l'on voudra ; et, par ce

(1) *Archives du Minist. de la Mar. et des Col.*

moyen, on pourra faire un commerce considérable dans tous les parages des mers de Chine; ce qui serait profitable à la Compagnie de France et ruineux pour celles de Angleterre et de Hollande... Enfin, Monseigneur, j'ose vous assurer que si les Français avaient eu cet établissement avant la dernière guerre, la Compagnie n'aurait pas perdu ses vaisseaux de Chine et de Manille, et qu'aujourd'hui le commerce des Anglais et des Hollandais serait réduit à sá dernière période et que celui de la Compagnie de France serait des plus fleurissants en Europe et aux Indes... Avant que de rien entreprendre touchant l'établissement de Poulo-Condore, vous pouvez, Monseigneur, en conférer avec M. de Montaran et M. le marquis de Dupleix, présent à Paris, qui a une parfaite connaissance de l'Inde. Ces messieurs, zélés pour le bien et l'avantage de la Compagnie, pourront vous donner exactement tous les éclaircissements nécessaires à ce sujet et vous engager à faire faire cet établissement, tant pour le commerce de Chine, Cochinchine, Manille, Siam et autres lieux, que pour servir d'entrepôt et de lieu de sûreté à tous les vaisseaux français (1). » Ces deux projets ne furent pas pris en considération.

Le Gouvernement n'avait pourtant pas abandonné le projet d'un établissement en Cochinchine; plusieurs mémoires étaient présentés aux ministres de la marine et des affaires étrangères; toutes les personnes compétentes de l'époque concluaient à la création d'un établissement colonial et maritime en Indo-Chine.

_______

(1) *Archives du Minist. de la Mar. et des Col.*

« Les tentatives, que des particuliers et la Compagnie des Indes ont faites depuis trente ans pour former un établissement en Cochinchine, sont des preuves qu'on a reconnu, dès lors et depuis, son utilité pour la nation. La dissolution de la Compagnie des Indes en 1769 parut éloigner encore et suspendre l'exécution de ce projet ; mais les conquêtes immenses que les Anglais viennent de faire dans l'Inde, le revenu de 60 millions que nos rivaux venaient d'acquérir et qui leur donnait un trop grand avantage sur la France dans le calcul et le système politique, excitèrent toute l'attention et la vigilance de notre ministère. L'importance de la matière donna lieu à un comité dans lequel on agita la question de savoir s'il y aurait des moyens de procurer à la France des établissements dans quelque partie de l'Asie, qui pussent balancer dans quelque proportion ces avantages....... Quoique la prise en dernier lieu de Tanjaor ait considérablement augmenté le revenu déjà immense de l'Angleterre dans l'Inde, les Anglais ne cessent de s'occuper de la recherche de nouveaux établissements.

« Ils viennent d'en former un à l'entrée du golfe Persique ; ils envoyèrent, l'année dernière, deux vaisseaux richement chargés, de Bengale au port de Suez, à l'extrémité de la mer Rouge pour tâcher de s'y fixer et d'ouvrir un commerce avec le Grand-Caire et toute l'Égypte.

« Ils ont encore formé depuis peu un établissement dans le voisinage de Bornéo pour en tirer de l'or, du poivre, du camphre, des épiceries des Moluques et autres productions dont la défaite est très avantageuse en Europe, comme en Chine et dans d'autres parties de l'Inde... Il semble qu'il ne reste plus que la Cochinchine qui ait échappé jusqu'ici à la vigilance des Anglais; mais peut-on se flatter qu'ils tarderont à y porter leurs vues? S'ils s'y décident avant nous, nous en serons exclus pour jamais; nous aurons perdu un point d'appui important dans cette partie de l'Asie, qui nous rendrait les maîtres d'intercepter aux Anglais, en temps de guerre, leur commerce avec la Chine, en protégeant le nôtre par toute l'Inde, et les tiendrait dans une continuelle inquiétude. Si les Anglais enfin s'y établissent, ils nous regarderont comme leurs tributaires sur toutes les côtes de l'Asie et ils nous traiteront en conséquence (1). »

Le gouvernement de Louis XVI tiendra compte de ces avertissements multiples donnés par nos commerçants et missionnaires en Indo-Chine.

---

(1) *Résumé d'un projet d'établissement en Cochinchine* (Archives du ministère de la marine et des colonies).

# CHAPITRE IV



## ADRAN ET GIALONG (NGUYEN-ANH).

Nguyen-Anh ; les Tayson ; intervention de l'évêque d'Adran. —
Rapport de Chevalier (1778). — Intrigues anglaises en Annam :
rapport de Chapman. — Rapports du comte de Solminihac de
Lamothe et du P. Boivet. — Instructions de MM. de Cossigny
et d'Entrecasteaux. — Lettre de M. de Cossigny à Nguyen-
Anh. — Traité de Versailles, 28 novembre 1787. — Instructions du comte de Montmorin à d'Entrecasteaux. — Le comte
de Conway et l'évêque d'Adran. — Rapport du chevalier de
Kersaint (1789). — La mission française en Annam. — Guerres
de Nguyen-Anh. — Mort de l'évêque d'Adran (9 octobre 1799).
— Chaigneau et Vannier.

Vo-Vuong, qui avait si bien accueilli Pierre Poivre,
vint à mourir en 1675, désignant comme son successeur le fils d'une de ses concubines. Un grand mandarin profita de la jeunesse du nouveau roi, Dué-Tong,
pour s'emparer du pouvoir. Dué-Tong mourut en
prison, laissant deux fils dont l'un, Nguyen-Anh, devait devenir célèbre sous le nom de Gialong.

Nguyen-Anh eut à défendre son royaume contre les
*Tayson* (montagnards de l'Ouest), qui, partis de la
province de Binh-Dinh, avaient envahi la Basse-
Cochinchine (1). Nguyen-Anh, malheureux dans ses

(1) Les chefs de cette insurrection étaient deux frères, originaires du
Tonkin, et venus dans le Binh-Dinh comme prisonniers à la suite des armées des Nguyen. *(Note de l'auteur).*

opérations, fut obligé de se réfugier à Tho-Chau (Poulo-
Banjam), petite ile du golfe de Siam. Dès le commencement de l'insurrection, sur les avis de l'évêque
d'Adran, Mᵍʳ Pigneaux de Béhaine, il avait résolu de
solliciter l'appui de la France. « Pierre-Joseph-Georges
Pigneaux de Béhaine, évêque d'Adran, naquit en
1741, au bourg d'Origny, diocèse de Laon. Après ses
premières études, qui eurent lieu au collège de cette
ville, sa vocation pour la carrière ecclésiastique et
pour les missions orientales l'appela à Paris, où il
étudia la théologie et où il fut ordonné prêtre. Il se
rendit ensuite à Cadix, et, en 1766, s'y embarqua pour
la Cochinchine. Mais ayant appris à Pondichéry les
graves évènements qui bouleversaient alors la Cochinchine et le Tonquin, il prit la route de Macao. De là,
en 1767, il passa dans une ile de la Basse-Cochinchine,
pour diriger le collège général des Missions, qui venait
d'y être transporté de Siam. Il eut, l'année suivante, à
y souffrir des mauvais traitements de la part du gouverneur de la province, qui le fit emprisonner et lui fit
infliger même le supplice de la cangue ; mais ayant
été mis en liberté quelques mois après, il reprit la direction du collège qui fut alors transféré à Pondichéry.

» Nommé évêque d'Adran en 1770, il succéda, l'année suivante, au vicaire apostolique de la Cochinchine, dont il était coadjuteur.

» Mᵍʳ Pigneaux revint en Cochinchine en 1774, par le
Cambodge, au moment où Nguyen-Anh était dans la
plus grande détresse. Ce fut dans la province de Sai-
Gon, devenue aujourd'hui province française, qu'il
donna généreusement l'hospitalité à Gia-Long fuyant

ses ennemis, et n'ayant plus autour de lui que sa mère et quelq es serviteurs fidèles, qui le suivaient. A dater de cette époque, s'établit, entre le roi et cet illustre prélat, une intimité qui ne cessa qu'à la mort de ce dernier.

» Gia-Long, ainsi poursuivi et ne pouvant, sans danger, rester auprès de Mᵍʳ Pigneaux, se réfugia dans une petite ile du golfe de Siam, et il eût l'idée, comme dernière ressource, de se rendre à Batavia ou à Goa pour demander du secours aux Hollandais ou aux Portugais, ou de s'adresser à la France, dont il avait entendu parler comme d'une nation généreuse et puissante. Pendant que le roi se livrait à des combinaisons, l'évêque conçut, de son côté, le projet d'implorer le secours de la France, et, en décembre 1784, il alla rejoindre le prince fugitif, pour lui exposer son plan et pour le déterminer à l'adopter ; c'est ce que fit Gia-Long avec enthousiasme. Il chargea donc Mᵍʳ d'Adran de cette importante mission, seul espoir qui lui restât ; il le nomma son ministre plénipotentiaire pour traiter avec la France, et lui confia son fils, âgé de six à sept ans, comme garantie de sa résolution (1). »

Chevalier, commandant de Chandernagor, adressait le 30 avril 1778, à M. de Bellecombe, gouverneur-général à Pondichéry, un mémoire, dans lequel il faisait ressortir les avantages que la France pourrait retirer d'une intervention armée en faveur de Nguyen-Anh ; il recommandait chaudement le P. Laureiro qui arrivait de Cochinchine, où il était mandarin. « Ce

(1) *Souvenirs de Hué*, par Michel Duc Chaigneau, fils de J.-B. Chaigneau, ancien officier de marine, consul de France à Hué et grand mandarin.

Père peut servir nos intérêts, écrivait Chevalier ; mais son avis est qu'il faut, sans différer, commencer par envoyer au roi un secours de 200 Européens avec une bonne artillerie et 200 à 300 cipayes ; le tout commandé par des officiers d'une sagesse, d'une modération et d'un caractère de conciliation et d'aménité à toute épreuve... Il accompagnerait lui-même ce parti, et, à son arrivée auprès du prince, lui annoncerait que c'est par ses sollicitations vives et pressantes qu'il a obtenu ce secours, et qu'il s'est empressé de le lui amener pour lui soumettre ses ennemis et le raffermir sur son trône... Il proposerait ensuite un traité dont voici, à mon avis, quels devraient être les principaux articles :

1° Alliance offensive et défensive entre la nation française et le prince contre tous les ennemis, sans exception, des deux parties contractantes.

2° Les troupes françaises envoyées seraient à la charge du prince.

3° Construction d'une loge à Faï-Foo avec droit d'y tenir garnison.

4° Cession d'une province à la France.

5° Liberté entière du commerce.

En fixant la ville de Faï-Foo comme l'endroit le plus convenable pour y former un établissement, c'est à cause de sa situation, qui se trouve entre le port de Touron, où se tiennent tous les vaisseaux, et la ville de Hué, où réside la cour du prince, à une distance égale de huit à neuf heures de chemin de l'un et l'autre. L'entrée de la rivière de Touron est d'un accès facile et les plus grands vaisseaux peuvent la remonter jusqu'au port, qui porte le même nom, sans

aucun danger. De Touron à Faï-Foo, l'on ne peut
aller que par bateau, ce qui serait un avantage pour
nous dans un cas de guerre, où il prendrait fantaisie
aux Anglais de venir nous y attaquer ; leurs vaisseaux
ne leur seraient d'aucun secours et nous n'aurions que
leurs troupes de terre à combattre. Ces faibles commencements pourraient conduire par la suite la nation
à élever un grand empire.... Elle pourrait se voir
maitresse du Tonquin et de Siam (1). » Chevalier
faisait remarquer, dans la suite de son mémoire, que
ce programme aurait déjà été exécuté par les Anglais,
s'ils n'avaient été distraits par la guerre contre les
Mahrattes ; ils avaient envoyé un de leurs nationaux
pour examiner la situation ; à son retour le conseil de
Calcutta devait prendre un parti ; il importait donc de
gagner les Anglais de vitesse.

Le conseil de Calcutta avait envoyé en effet un
agent, Chapman, auprès du chef des Tayson : « L'objet de ma mission, écrivait cet agent, était d'établir
des relations commerciales entre la Cochinchine et les
comptoirs anglais de l'Inde, d'obtenir, pour nos vaisseaux et pour leurs cargaisons, tous les avantages et
privilèges que le Gouvernement chinois serait disposé
à leur accorder. Les fruits, qu'on se promettait de ce
commerce, étaient une exportation plus considérable
des produits de l'Inde et de l'Europe à la Cochinchine
et une importation proportionnée des nombreux et
riches objets d'échange que fournit ce royaume...

» Aucune autre contrée de l'Asie ne produit une plus
grande et plus riche variété d'objets propres à un

_______________

(1) *Archiv. du Minist. de la Mar. et des Col.*

commerce avantageux ; la cannelle, le poivre, la soie, le coton, le sucre, le bois d'ébène, le bois du Japon, l'ivoire, etc.... L'or y est tiré presque pur de la mine ; et, avant les troubles, les habitants des montagnes en apportaient une grande quantité en poudre, qu'ils échangeaient pour du riz, du fer et des draps. C'étaient eux aussi qui procuraient les bois d'aigle et de calambac avec beaucoup de cire, de miel et d'ivoire... La situation de la Cochinchine est admirable pour le commerce. Le voisinage du Tonkin, du Japon, de la Chine, du Cambodge, de Siam, des côtes malaises, de Bornéo, des Philippines et des Moluques, rend ses communications faciles avec toutes ces contrées. Plusieurs de ses rades, et surtout celle de Turon, offrent une retraite sûre et commode aux vaisseaux de toute grandeur, dans les saisons les plus orageuses de l'année. Le grand nombre des jonques chinoises, qui vont annuellement à la Cochinchine, prouve combien les denrées de ce pays sont recherchées à la Chine. Or, si nous avions des établissements et une influence puissante en Cochinchine, nous pourrions aisément faire avec les produits de l'Europe et de l'Inde, des achats considérables de ces denrées. Turon en serait le marché ; nos vaisseaux les recevraient en allant à Canton, qui n'en est qu'à cinq jours de trajet (1). » Dans un autre mémoire, le comte de Solminihac de Lamothe attirait également l'attention du Gouvernement français sur les avantages qu'offrirait la possession de Tourane : « Si l'on considère l'établissement en question par rapport à la guerre, écrit-il,

(1) *Asiatic annual register,* 1801 : Relation d'un voyage à la Cochinchine.

on voit qu'il est au vent de tous les débouquements et qu'il est intermédiaire entre eux et la côte de Chine. Les vaisseaux, qui font ces voyages si précieux aux Anglais et dont ils prétendent l'exclusion, sont obligés de venir reconnaître l'isle Poulo-Condore et celle d'Haïnan, sur laquelle l'établissement du port de Tourane permettrait d'établir une incessante croisière. On intercepterait ainsi la branche de commerce la plus lucrative qu'aient les ennemis (1). »

Pressé par le maréchal de Castries, alors ministre de la marine, de fournir des renseignements sur la Cochinchine, le P. Boivet, procureur des Missions étrangères, écrivait en 1777 : « La Cochinchine n'est qu'une chaîne de montagnes jusqu'à la province de Donnaï. Tous les bas, les vallons et les montagnes voisines du plat pays, sont soigneusement et merveilleusement cultivés... Les montagnes, quoique incultes, sont bien boisées, très fertiles. Les Cochinchinois en tirent des bois de rose, d'ébène, des bois de fer, de cannelle, d'aigle, de calambac, de sandal et généralement tous les beaux bois qui se trouvent dans l'Inde... On tire encore de la Cochinchine toutes sortes de fruits, du miel et de la cire en grande quantité, du rotin, du musc, de la gomme-gutte, du cardamon, beaucoup d'ivoire, et, ce qui est encore plus précieux, de l'or, le plus fin de toute l'Inde ; il y en a principalement, dans la province de Cham, en un endroit nommé Founrac (?), où les missionnaires français avaient une église et beaucoup de chrétiens avant les guerres civiles. Cet endroit est éloigné du grand port

(1) *Archives du Minist. de la Mar. et des Col.*

de Faïfo d'environ huit lieues; on trouve encore dans les montagnes beaucoup de mines de fer qui est à grand marché dans le pays... Outre ces deux ports (Faïfo et Nuoc-Mam), il y en a d'autres, mais surtout dans la province de Donnaï; il y a celui qui est formé par la grande rivière qui traverse tous les royaumes du Cambodge, du Laos, et paraît venir de la province du Yunnam, en Chine : elle se décharge dans la mer par plusieurs grandes embouchures dont l'une forme le port de Bassac... C'est par ce grand fleuve que les Laotiens viennent au Cambodge pour y faire leur commerce... Il y a les productions que l'on tire de la province de Donnaï qui est la plus vaste et la plus fertile de la Cochinchine et du Cambodge... (1). » Comme on le voit, tous les rapports des missionnaires et des officiers concluaient à la nécessité d'un établissement en Indo-Chine.

Nguyen-Anh, réfugié à Poulo-Panjam, reprit l'offensive avec ses partisans *Dong-son* (montagnards de l'est), et à la fin de 1776, il commandait à Saïgon et à toute la Basse-Cochinchine : battu de nouveau par les Tayson, il gagna Phu-Quoc. Un matelot breton, Emmanuel, qui combattait pour Nguyen-Anh, se distingua pendant la bataille. « A Cangio, en 1783, les rebelles Tayson venant envahir Gia-Dinh, et ayant pour eux le vent et les flots, livrèrent combat au capitaine français Manoë, et, après grande résistance de sa part, purent mettre le feu à son navire. Ce brave officier périt dans l'action. A sa mort, il reçut du roi d'Annam le titre de sujet fidèle, juste et méritant,

_______

(1) *Archiv. du Minist. de la Mar. et des Col.*

généralissime et colonne de l'Empire. Sa tablette fut placée dans la pagode de la fidélité éclatante (1). » Cette pagode était située aux Mares, près de Saïgon.

Un autre aventurier français, appelé Joang (Jean), aurait secondé Nguyen-Anh : « Joang aurait employé des grenades dans la lutte contre les Tayson, et ce serait grâce à cette arme de guerre que le *chua* Nguyen aurait, la première fois, reconquis la Basse-Cochin-chine. Les rebelles ne savaient d'abord que penser de ces engins diaboliques et s'enfuyaient au plus vite (2). »

De Phu-Quoc, Nguyen-Anh gagna la cour du roi de Siam, Yot-Fa-Chulalonki (appelé Ni-Phat par les Annamites), qui lui donna une armée : victorieux d'abord à Manthit, Nguyen-Anh fut battu au Rachgam, en amont de Mythô, revint à Bangkok et attendit le retour de l'évêque d'Adran.

Mgr Pigneaux de Béhaine était parti pour France, emmenant le fils de Nguyen-Anh, le prince Canh, âgé de six ans : il allait plaider près de Louis XVI la cause de l'infortuné souverain annamite. En passant à Pondichéry, l'évêque d'Adran avait fait part de ses projets au gouverneur français, qui envoya, sur les côtes de Cochinchine, une frégate armée en flûte, le *Marquis de Castries*, commandée par M. de Richery, enseigne de vaisseau, auquel Charpentier de Cossigny, gouverneur de Pondichéry, et le chevalier d'Entrecasteaux, chef de division et commandant de la station navale des Indes, remirent des instructions très détaillées.

M. de Richery devait prendre à son bord les Anna-

_____

(1) *Gia-Dinh-Tong-Chi*, traduction de M. Aubaret, capitaine de frégate.
(2) Abbé Bouillevaux, *déjà cité*.

miles, venus à Pondichéry avec l'évêque d'Adran, et se rendre à Trangane, sur la côte orientale de la presqu'île de Malacca, où les Annamites embarqués devaient aller «prendre langue avec leurs compatriotes résidant en ce point sur la position de leur Roy. » De Trangane, il devait se rendre à Poulo-Panjam, y prendre de nouveaux renseignements, faire parvenir ses dépêches à Nguyen-Anh à Siam, et convenir de l'époque de la réponse : dans l'intervalle, le *Marquis de Castries* devait aller croiser sur les côtes de Cochinchine et y faire spécialement l'hydrographie de Tourane.

L'article VI de ces instructions était le plus important : « De retour dans le golfe de Siam, au lieu du rendez-vous, M. de Richery se conduira d'après les circonstances; et voici celles qu'il est facile de prévoir :

« 1° Que le roi cochinchinois voudra passer sur son bord, pour se rendre, lui et sa famille, à Pondichéry: alors M. de Richery le recevra et aura pour lui les égards dus à un Souverain.

» 2° Que ledit roi préférera de demeurer sur l'isle de Poulo-Panjam, pour y attendre des secours, et ne point trop s'éloigner de ses sujets afin de soutenir et nourrir leur constance : alors M. de Richery y consentira et pourra même lui laisser quelques Européens avec les vivres et munitions dont il pourra disposer ; mais, avant de se rendre à ce dernier parti, M. de Richery examinera scrupuleusement si l'isle, ainsi pourvue, est un asile susceptible de défense en cas d'attaque de la part des sujets rebelles de ce prince. M. de Richery observera qu'avant de lier le gouvernement au sort de ce prince infortuné, soit en l'apportant à Pondichéry, soit en lui prêtant des secours sur l'isle de Poulo-Panjam, il doit chercher à pénétrer le caractère et le génie de ce prince, ses moyens, le nombre et l'espèce de ses partisans, et quelles seraient, dans l'avenir, ses ressources pour dédommager la nation des frais primitifs d'une semblable liaison : si elles n'offraient que des sujets futiles et de peu d'importance, si le prince était un homme faible et de peu de génie, et que son parti fût peu nombreux, tiède ou indécis, M. de Richery se donnerait garde d'engager d'aucune manière le gouvernement et se bornerait à venir rendre compte de sa mission (1). »

M. de Cossigny remettait en outre à M. de Richery la lettre suivante, destinée à Nguyen-Anh : « J'expédie M. de Richery pour se rendre auprès de votre personne à Siam. Il vous remettra ou vous fera parvenir cette lettre ; veuillez bien y faire une réponse. M. de Richery commande une frégate du Roi, le *Marquis de Castries*; c'est le même qui, l'année dernière, a été dans l'île de Coucoute, où il a trouvé le R. P. Paul, qui, à son arrivée à Pondichéry, m'a remis la lettre dont vous m'avez honoré. Je le retiens ici cette année pour y attendre le retour de M^{sr} l'évêque Pierre d'Adran... Nous n'avons point encore eu directement des nouvelles de M^{sr} l'évêque Pierre; mais nous avons appris avec certitude qu'il était arrivé en France avec votre fils, et qu'ils étaient tous deux bien portants. C'est uniquement pour vous donner cette bonne nouvelle que je vous écris cette lettre, dont je charge

_______

(1) *Arch. du Minist. de la Mar. et des Col.*

M. de Richery, et que j'envoie auprès de vous comme une personne dans laquelle j'ai la plus grande confiance. S'il a l'honneur d'être admis en votre présence, vous pouvez lui parler de toutes vos affaires sans aucune réserve, comme si vous me parliez à moi-même, qui prend le plus grand intérêt à votre sort, et, en général, à tout ce qui vous concerne. Vous avez très bien fait de refuser d'entrer dans aucune négociation avec la nation portugaise ; vous auriez commis une très grande faute, si vous vous étiez livré, de votre propre personne, avant d'avoir reçu des nouvelles de Mʳ l'évêque Pierre : J'en rends grâce pour vous à la divine Providence, qui vous conservera le courage nécessaire pour attendre avec patience le secours que Mʳ Pierre a été solliciter pour vous auprès de l'*Empereur de France*, qui est le protecteur de tous les princes malheureux... Vous rejetterez toutes les propositions qui pourraient vous être faites de la part de tout autre nation que la nation française, et vous tâcherez, en attendant, de disposer toutes choses pour rentrer dans votre pays, châtier les rebelles... (1). »

Les sentiments bienveillants de Ni-Phat venant à s'affaiblir, Nguyen-Ahn s'enfuit du royaume de Siam et gagna la presqu'île de Camau ; ses partisans vinrent le rejoindre en foule et il put marcher contre Lû, le général tayson qui commandait la Basse-Cochinchine ; la victoire couronna ses efforts : Sadec, Vinhlong et Mythô furent enlevés rapidement. Lû fut de nouveau défait à Bienhoa, et Nguyen-Anh entra à Saïgon (1789).

---

(1) *Arch. du Minist. de la Mar. et des Col.*

L'évêque d'Adran revint sur ces entrefaites : il avait obtenu de Louis XVI un traité d'alliance offensive et défensive qui avait été signé à Versailles, le 28 novembre 1787 :

« Nguyen-Anh, roi de la Cochinchine, ayant été dépouillé de ses Etats, et se trouvant dans la nécessité d'employer la force des armes pour les recouvrer, a envoyé en France le sieur P. J. G. Pigneaux de Béhaine, évêque d'Adran, dans la vue de réclamer le secours et l'assistance de S. M. le Roi très chrétien ; et la dite Majesté, convaincue de la justice de la cause de ce prince, et voulant lui donner une marque signalée de son amitié, comme de son amour pour la justice, s'est déterminée à accueillir favorablement la demande faite en son nom. En conséquence, Elle a autorisé le sieur comte de Montmorin, maréchal de ses camps et armées, chevalier de ses ordres et de la Toison d'Or, son conseiller en tous ses conseils, ministre et secrétaire d'Etat et de ses commandements et finances, ayant le département des affaires étrangères, à discuter et à arrêter avec ledit sieur évêque d'Adran, la nature, l'étendue et les conditions des secours à fournir, et les deux plénipotentiaires, après s'être légitimés, savoir : le comte de Montmorin, en communiquant son plein pouvoir, et l'évêque d'Adran en produisant le grand sceau du royaume de Cochinchine, ainsi qu'une délibération du grand Conseil du dit royaume, sont convenus des points et articles suivants :

» ARTICLE PREMIER. — Le Roi très chrétien promet et s'engage de seconder, de la manière la plus efficace, les efforts que le roi de la Cochinchine est résolu de

faire pour rentrer dans la possession et la jouissance
de ses Etats.

» Art. II. — Pour cet effet, Sa Majesté très chrétienne enverra incessamment, sur les côtes de la Cochinchine, à ses frais, quatre frégates avec un corps de
troupe de 1,200 hommes d'infanterie, 200 hommes
d'artillerie et 250 Cafres ; ces troupes seront munies
de tout leur attirail de guerre, et nommément d'une
artillerie compétente de campagne.

» Art. III. — Le roi de Cochinchine, dans l'attente
du service important que le Roi très chrétien est disposé à lui rendre, lui cède éventuellement, ainsi qu'à
la couronne de France, la propriété absolue et la souveraineté de l'île formant le port principal de la Cochinchine, appelé Hoï-Nan, et par les Européens Touron ;
et cette propriété et souveraineté seront incommuta-
blement acquises dès l'instant où les troupes auront
occupé l'île mentionnée.

» Art. IV. — Il est convenu, en outre, que le Roi
très chrétien aura, concurremment avec celui de la
Cochinchine, la propriété du port susdit, et que les
Français pourront faire sur le continent tous les établissements qu'ils jugeront utiles, tant pour leur navigation et leur commerce, que pour garder et caréner
leurs vaisseaux, et pour en construire. Quant à la
police du port, elle sera réglée sur les lieux par une
convention particulière.

» Art. V. — Le Roi très chrétien aura aussi la propriété et la souveraineté de Poulo-Condore.

» Art. VI. — Les sujets du Roi très chrétien jouiront d'une entière liberté de commerce dans tous les
Etats du roi de Cochinchine, à l'exclusion de toutes

les autres nations européennes. Ils pourront, pour cet effet, aller, venir et séjourner librement, sans obstacle et sans payer aucun droit quelconque pour leurs personnes, à condition toutefois qu'ils seront munis d'un passe-port du commandant de l'île Hoï-Nan. Ils pourront importer toutes les marchandises d'Europe et des autres pays du monde, à l'exclusion de celles qui sont défendues par les lois du pays. Ils pourront également emporter toutes les denrées et marchandises du pays et des pays voisins, sans aucune exception ; ils ne payeront d'autres droits d'entrée et de sortie que ceux qu'acquittent actuellement les naturels du pays, et ces droits ne pourront être haussés en aucun cas et sous quelque dénomination que ce puisse être. Il est convenu, de plus, qu'aucun bâtiment étranger, soit marchand, soit de guerre, ne sera admis dans les Etats du roi de Cochinchine que sous le pavillon français.

» ART. VII. — Le gouvernement cochinchinois accordera aux sujets du roi très-chrétien la protection la plus efficace pour la liberté et la sûreté, tant de leurs personnes que de leurs effets; et, en cas de difficulté de la contestation, il leur sera rendu la justice la plus exacte et la plus prompte.

» ART. VIII. — Dans le cas où le roi très chrétien serait attaqué ou menacé par quelque puissance que ce puisse être, relativement à la jouissance des îles de Hoï-Nan et de Poulo-Condore, et dans le cas où Sa Majesté très chrétienne serait en guerre avec quelque puissance, soit asiatique, soit européenne, le roi de Cochinchine s'engage à lui donner des secours en soldats, matelots, vivres, vaisseaux et galères. Ces secours seront fournis trois mois après la réquisition, mais ils ne pourront pas être employés au-delà des îles Moluques et de la Sonde et du détroit de Malacca. Quant à leur entretien, il sera à la charge du Souverain qui les fournira.

» ART. IX. — En échange de l'engagement énoncé dans l'article précédent, le roi très chrétien s'oblige d'assister le roi de la Cochinchine, lorsqu'il sera troublé dans la possession de ses États. Ces secours seront proportionnés à la nécessité des circonstances ; cependant ils ne pourront, en aucun cas, excéder ceux énoncés dans le présent traité.

» ART. X. — Le présent traité sera ratifié par les deux Souverains contractants, et les ratifications seront échangées dans l'espace d'un an, ou plus tôt si faire se peut.

» En foi de quoi, nous, plénipotentiaires, avons signé le présent traité et y avons fait apposer le cachet de nos armes.

Fait à Versailles, le 28 novembre 1787.

*Signé :* Le comte DE MONTMORIN.

P. J. G., évêque d'Adran. »

« *Article séparé.* — Dans la vue de prévenir toutes difficultés et mésentendus relativement aux établissements que le Roi très chrétien est autorisé à faire sur le continent pour l'utilité du commerce et de la navigation, il est convenu avec le roi de la Cochinchine, que ces mêmes établissements seront et appartiendront en toute propriété à Sa Majesté très chrétienne, et que la juridiction, la police, la garde et tous actes d'autorité sans exception, s'y exerceront privativement

en son nom. Pour prévenir les abus auxquels les établissements mentionnés ci-dessus pourraient donner
lieu, il est convenu expressément que l'on n'y recevra
aucun Cochinchinois poursuivi pour crime, et que ceux
qui pourraient s'y être introduits, seront extradés à la
première réquisition du gouvernement. Il est convenu
également que tous les Français transfuges seront
extradés à la première réquisition du commandant de
Hoï-Nan et de Poulo-Condore.

» Le présent article séparé aura la même force et
valeur que s'il était inséré mot à mot dans le présent
traité.

» En foi de quoi, nous, plénipotentiaires, avons signé ce présent article séparé et y avons fait apposer
les cachets de nos armes.

Fait à Versailles, le 28 novembre 1787.

*Signé :* Le comte DE MONTMORIN.
P. J. G., évêque d'Adran. »

M. de Conway, gouverneur-général de Pondichéry,
fut désigné pour prendre le commandement de l'expédition : il en fut avisé par une lettre de M. le comte
de Montmorin, datée du 2 septembre 1787. Les instructions du ministre étaient très explicites : si l'expédition échouait, le comte de Conway devait se replier
sur les îles de France et de Bourbon : dans le cas
contraire, le gouverneur-général de Pondichéry devait préparer les plans d'un établissement « civil et
commercial »; une somme de deux cent mille piastres
avait été affectée aux besoins de l'expédition.

Le comte de Conway était un ancien officier général
américain qui avait émigré en France, au moment de

la guerre de Sept-Ans ; esprit inquiet et ambitieux, Conway s'était déjà fait de nombreux ennemis en Amérique ; l'évêque d'Adran devait également se buter contre la mauvaise volonté et la jalousie du gouverneur-général. D'après John Barrow, Louis XVI ne voulait pas donner le commandement de l'expédition au comte de Conway, proposé par M^{sr} d'Adran lui-même : « Monsieur d'Adran, aurait dit Louis XVI, vous vous êtes laissé prévenir en faveur de Conway ; mais croyez-moi, il vous donnerait beaucoup de chagrin et probablement il ferait échouer tous vos projets dans cette expédition. Si je l'ai nommé gouverneur-général dans l'Inde, ce n'a été que pour me débarrasser ici de ses intrigues et l'empêcher de mettre tout en confusion ; car je sais très bien que lui, son frère et Dillon, ne peuvent rester un moment en repos. Il peut être bon soldat et servir utilement tant qu'il sera retenu à Pondichéry ; mais je ne voudrais pas de lui à la tête d'une armée. Cependant, pour vous obliger, je lui donnerai le cordon rouge et le rang de lieutenant-général (1). »

A la même date, le comte de Montmorin écrivait au chevalier d'Entrecasteaux, à l'île de France : « Sur les propositions de M^{sr} l'évêque d'Adran, S. M. s'est déterminée à donner des secours à un souverain malheureux, moyennant les engagements qu'il a pris de nous assurer des possessions et un commerce dans ses États, exclusif aux autres nations européennes ayant des établissements en Asie. Il a été passé à ce

---

(1) *Voyage à la Cochinchine,* 1806. Il n'existe aucune trace de cette lettre aux Archives du Ministère de la Marine et des Colonies. *(Note de l'Auteur).*

sujet une convention et déclaration dont je joins ici copie. La révolution qui s'est opérée dans la constitution des Sept-Provinces-Unies et le contre-coup qui s'en fera nécessairement ressentir dans l'Inde, où nous ne pouvons plus guère compter sur le cap de Bonne-Espérance et sur Trinquemalé, comme points d'appui ou de refuge, n'a pas peu contribué à fixer l'attention du Gouvernement sur l'avantage d'une position, qui nous tiendrait à une grande distance du foyer des forces anglaises. Cependant, en se décidant à l'expédition sollicitée par l'évêque d'Adran, et en la confiant au comte de Conway, S. M. laisse cet officier général le maître de ne la pas entreprendre ou de la retarder, selon la nature des documents qu'il doit avoir sur la facilité du succès et sur l'utilité de l'établissement... Deux frégates, la *Dryade* et la *Méduse*, partent de Lorient avec des recrues pour l'artillerie ; elles portent le fils du prince de la Cochinchine, sa suite et l'évêque d'Adran ; elles sont destinées, avec les frégates l'*Astrée* et la *Calypso*, à l'expédition navale, dont le sieur de Saint-Riveul aura le commandement sous les ordres du comte de Conway. Dans quinze jours ou trois semaines, il sera expédié de Brest deux flûtes qui iront directement à Pondichéry, chargées de huit mois de vivres pour les troupes de l'expédition, ainsi que de la totalité ou d'une partie des fonds que S. M. consacre, tant aux frais de l'expédition, qu'à ceux de l'établissement primitif et militaire, qu'il faudra former à la côte de la Cochinchine. L'expédition sera composée de l'un des régiments qui sont à Pondichéry, de 200 hommes d'artillerie et environ 250 Cafres de l'Ile de France.

» Vous voudrez bien, Monsieur, vous occuper aussitôt du soin de rassembler ces noirs et de les faire passer à M. de Conway, sous la conduite seulement de quelques personnes de confiance, sans les diviser en compagnies et sans mettre d'officiers à leur tête. Vous combinerez aussi sur les détachements d'artillerie qui sont à Pondichéry, sur ceux qui sont à l'Ile de France, et sur les recrues qui vous seront arrivées, le passage de ce qui sera nécessaire pour former le corps de 200 hommes dont M. de Conway aura besoin... Les canons et munitions de guerre seront tirés de Pondichéry (1). »

La *Méduse* et la *Dryade* quittèrent Lorient le **27** décembre 1787, ayant à. bord l'évêque d'Adran et le prince Canh : les deux frégates arrivèrent à l'Ile de France le 14 avril 1788, et, le 18 mai suivant, la *Dryade* mouillait devant Pondichéry.

Le gouverneur de l'Ile de France, dans la réponse à la lettre que lui avait adressée le comte de Montmorin, laissa entrevoir l'existence de certaines difficultés dans l'exécution de l'expédition de Cochinchine. Le nombre des bâtiments, dont il disposait à l'Ile de France, ne lui permettait pas de transporter immédiatement l'évêque dans l'Inde, et d'Entrecasteaux ne cacha pas ses inquiétudes sur le sort de l'expédition : « M. le comte de Montmorin, écrivait-il le 18 avril 1788, a eu la bonté de me demander mon avis sur les avantages de l'établissement projeté : J'en ai parlé à différentes reprises à M. le maréchal de Castries dans ma correspondance officielle et particulière, et avec

______

(1) *Archives du Minist. de la Mar. et des Col.*

bien plus d'assurance encore depuis ma campagne de
Chine, parce que j'ai été à portée de mieux saisir tout
ce que la position du port de Tourane et de cette côte
offre de favorable : le seul et grand inconvénient que
j'y aperçoive, c'est la difficulté de correspondre avec
l'Isle de France en temps de guerre. L'entrée du
détroit de Malacca nous sera fermée par l'établissement des Anglais à Poulo-Pinang, et si nos relations
avec la Hollande sont affaiblies, les obstacles seront
encore plus grands dans ce premier détroit, et il n'y
aura guère de sûreté à passer par celui de la Sonde.
Ce sera donc un point absolument abandonné à ses
propres forces et aux ressources que pourra lui procurer notre alliance avec le prince de la Cochinchine,
lequel, une fois rétabli, pourrait bien n'être plus
retenu par les liens de la reconnaissance, s'il avait à
craindre surtout que sa liaison avec les Français
n'attirât sur lui toutes les forces anglaises. Au reste,
Monseigneur, ma grande inquiétude dans ce moment
c'est que nous ne puissions pas retirer le roi de la
Cochinchine de sa captivité, s'il a surtout écouté les
propositions des Portugais, lesquels ne sont pas en
état de le remettre sur le trône, mais qui seront très-
aises cependant que le prince ne soit pas au pouvoir
de toute autre puissance (1). »

Dès son arrivée à Pondichéry, l'évêque d'Adran
ne put s'entendre avec le comte de Conway ; M<sup>gr</sup> de
Béhaine s'en plaignait amèrement dans une lettre qu'il
adressait à M. de Vaivres, à Paris. Le comte de
Conway s'était décidé avec peine à envoyer à Nguyen-

(1) *Archives du Minist. de la Mar, et des Col.*

Anh les nouvelles concernant le retour du prince Canh et l'arrivée prochaine des secours promis par Louis XVI.

Adran avait voulu partir lui-même pour la Cochinchine, et Conway s'y était refusé : « M. de Conway, écrivait Adran, prouve tous les jours qu'il n'est point du tout l'homme de la chose, et qu'il est impossible, avec le caractère qu'il montre, qu'il puisse réussir dans une expédition qui demande nécessairement un esprit conciliant (1). »

Toute une correspondance, de plus en plus tendue d'ailleurs, s'était en effet échangée, à Pondichéry, entre Adran et Conway : le prélat pressait le gouverneur-général de commencer l'expédition ; il s'offrait à prendre immédiatement la mer avec la *Dryade* ; il pourrait parcourir à loisir toute la côte de Cochinchine, s'assurer de la personne de Nguyen-Anh, et revenir à Pondichéry en février ou en mars de l'année suivante. Pendant ce temps, le comte de Conway pousserait activement les préparatifs : « Pour votre gloire, monsieur le comte, reprenez l'énergie dont vous avez donné partout tant de preuves et décidez-vous... Méprisez des conseils qui, sous le voile de la prudence, cachent la plus grande faiblesse. Enfin, montrez à la Cour, qui l'attend de vous, qu'à la maturité de la réflexion, vous avez su réunir la noblesse, la force et le courage dans l'exécution (2). »

John Barrow donne un des motifs nombreux qui ont poussé le comte de Conway à traverser les pro-

---

(1) *Arch. du Minist. de la Mar. et des Col.*
(2) *Arch. du Minist. de la Mar. et des Col.*

jets de l'évêque d'Adran. Le comte avait pour maitresse M^me de Vienne, femme d'un de ses aides-de-camp. A son arrivée à Pondichéry, M^gr de Béhaine avait été prévenu que M^me de Vienne était toute puissante dans la colonie et, partant, qu'il fallait aller lui rendre visite. L'évêque s'y refusa de la manière la plus formelle et fit même de sévères réflexions sur la conduite du général avec sa maîtresse ; les propos du prélat furent répétés à M^me de Vienne qui, furieuse, employa tous les moyens de séduction pour déterminer Conway à contrarier les projets de l'évêque d'Adran (1).

Le comte de Conway répondit à l'évêque : « Je vous remercie, Monseigneur, du conseil que vous voulez bien me donner et de l'intérêt que vous daignez prendre à ma gloire. Je la fais consister dans l'exacte exécution des ordres du Roy, et je pense qu'on ne m'a jamais reproché un défaut d'énergie, quand il a été question de son service... Vous me donnez le droit, Monseigneur, de vous demander quelles sont ces personnes qui, sous le voile de la prudence, cachent la plus grande faiblesse, et dont vous me recommandez de mépriser les conseils. Je vous ai déjà assuré, et je vous répète, Monseigneur, que je suivrai exactement mes instructions, et je consulterai dans les circonstances, sur les moyens de les exécuter, les personnes les plus éclairées et les plus dignes de ma confiance. Je ferai ce que la Cour attend de moi, n'en doutez pas. Vous m'exhortez à la noblesse, à la force, au courage : en quelle occasion y ai-je manqué ? Je vous

_______

(1) *Voyage à la Cochinchine*, 1806.

prie de me l'indiquer. J'avoue que je suis étonné qu'un digne et respectable prélat accuse de faiblesse des personnes qu'il ne nomme pas et qu'il serait cependant essentiel de faire connaître. Ce jugement, porté si légèrement, n'est, permettez-moi de le dire, ni chrétien, ni généreux. Ne serait-ce pas ici le cas, Monseigneur, de vous donner le conseil salutaire de vous défier des calomniateurs, des intrigants et des curieux... (1). »

De son côté, le comte de Conway se plaignait au comte de la Luzerne, à Paris : « Plus je réfléchis sur le projet de l'évêque d'Adran, écrivait-il le 28 août 1788, plus je suis convaincu que l'entreprise occasionnera six fois plus de dépenses que celles annoncées par cet évêque, et qu'elle ne présente pas la moindre apparence d'un avantage réel pour les intérêts de Sa Majesté... L'évêque d'Adran a du zèle et de la bonne volonté. L'indiscrétion qu'il a affichée, dès son arrivée ici, ne peut être attribuée qu'à une tête exaltée. Mais j'avoue que sa manière de raisonner me paraît tout à fait romanesque (2). »

Toutefois, après avoir consulté le vicomte de Saint-Riveul, commandant de la station, le comte de Conway expédiait sur les côtes d'Annam la *Dryade*, commandée par le chevalier de Kersaint, et le brick le *Pandoure*, commandé par le chevalier de Préville, lieutenant de vaisseau ; la *Calypso* et le *Marquis de Castries* y croisaient déjà. Les instructions remises au chevalier de Kersaint lui prescrivaient de s'as-

<hr>

(1) *Arch. du Minist. de la Mar. et des Col.*
(2) *Arch. du Minist. de la Mar. et des Col.*

surer de l'état actuel de la Cochinchine ; il avait à son
bord quatre missionnaires et un prêtre annamite, le
P. Paul Neghi ; il devait prendre un interprète indigène, qui sût parler le français, l'anglais ou le latin,
« car on a de fortes raisons de se défier du P. Paul
Néghi, qui parle un peu de mauvais latin et qui est
absolument dévoué à l'évêque d'Adran (1). »

Un supplément d'instructions, envoyé par le comte
Conway au commandant de la *Dryade*, le 14 avril 1788,
recommandait spécialement de faire la reconnaissance
de la baie de Tourane et des îles de Hoï-Nan et de
Poulo-Condore : « La rivière de Chin-Chin, dont la
latitude est désignée à M. le chevalier de Kersaint
dans l'instruction ci-jointe, est l'endroit indiqué par
M$^{gr}$ l'évêque d'Adran pour la descente, et, par conséquent, celui qui exige de M. le chevalier de Kersaint
les plus grands soins pour toutes les observations relatives aux forces de terre et de mer. Il ne suffit pas,
après être entré dans la baie de Chin-Chin, de savoir
si le mouillage est bon : il faudra encore s'assurer si
la tenue est bonne dans toutes les moussons. Après
avoir pris toutes les connaissances qui concernent la
sûreté des vaisseaux, il est indispensable de recueillir
tout ce qui concerne l'expédition de terre (2). » Venaient alors, dans ce supplément d'instructions, tous
les points sur lesquels le chevalier de Kersaint devait
porter principalement son attention : installation des
hôpitaux, des magasins de vivres et de munitions,
sécurité de la ligne de communications entre les

_______

(1) *Arch. du Minist. de la Mar. et des Col.*
(2) *Arch. du Minist. de la Mar. et des Col.*

troupes de débarquement et les points de ravitaillement, température, climat, moyens de transport ; le
comte de Conway proscrivait, d'une façon absolue,
l'emploi des buffles comme animaux d'attelages : « Si
les buffles de Poulo-Condore, en supposant qu'il s'en
trouve, ressemblent aux buffles que l'on voit dans
l'Inde, ils ne seraient nullement propres à suivre
l'armée, attendu que ces buffles, attelés à des voitures
trois fois plus légères qu'un canon de 4, sont au moins
trois heures à faire une lieue dans un très beau chemin (1). » Enfin, il était recommandé au chevalier de
Kersaint de ne rien négliger pour savoir si les Anglais, les Hollandais ou toute autre nation avaient
fait ou se disposaient à faire aucune entreprise pour
ou contre Nguyen-Anh : Louis XVI tenait beaucoup
à être renseigné sur ce point.

De retour à Pondichéry, en mars 1789, le chevalier
de Kersaint remettait au comte de Conway un rapport
défavorable à l'expédition projetée en Cochinchine; le
gouverneur-général s'empressa d'avertir M. le comte
de la Luzerne, à Paris, par une lettre datée du 15
mars 1789 : « M. le chevalier de Kersaint est arrivé
ici, le 13 de ce mois, avec la frégate la *Dryade* et le
brick le *Pandoure*. Il a fait une campagne intéres-
sante et il se propose de vous adresser les nouvelles
cartes qu'il a levées, avec son journal et ses observations. Vous verrez, Monseigneur, par le résultat de
tous ces journaux et mémoires, que, des deux isles
promises au Roy par l'évêque d'Adran, dans l'article
III du traité, l'une, Poulo-Condore, est si malsaine

qu'elle a été désertée par tous les Européens et qu'on
y trouve à peine une soixantaine de familles fugitives
qui végètent dans la plus affreuse misère ; qu'il n'y a
pas de baie autour de cette isle, dans laquelle on puisse
caréner le plus petit bâtiment. Quant à l'autre isle,
appelée Hoï-Nan et située dans la baie de Tourane, il
a été constaté que c'est un rocher aride, dont on ne
peut tirer aucun parti.

» On pourrait pardonner à l'évêque d'Adran les rêves
d'une tête exaltée : il y a environ douze à quinze ans
qu'il avait manifesté plus d'une fois ici l'inquiétude de
son caractère. Mais il est difficile de le justifier de
son peu de sincérité en traitant avec le ministre de
S. M., car il connaissait parfaitement ces isles, et il a
évidemment surpris la religion du ministre en les
représentant comme des possessions précieuses... Par
conséquent ce traité est illusoire et de nulle valeur.
Ses calculs, comme vous l'avez vu, Monseigneur, ne
sont pas plus exacts que ses assertions ; il avait porté
la dépense totale de l'expédition à cinq ou six cent
mille francs : les dépenses préliminaires s'élèvent
déjà à un million... Rien de plus facile de s'emparer,
à la Cochinchine ou ailleurs, d'un bon poste ou d'un
port ; mais les frais d'entreprise et d'établissement se-
ront-ils couverts par les profits incertains qu'on promet
pour un avenir éloigné?... La sagesse de vos instructions, Monseigneur, dont j'ai été de jour en jour plus
convaincu, m'a garanti des démarches inconsidérées,
vers lesquelles M<sup>gr</sup> l'évêque d'Adran voulait me précipiter ; mais elle ne m'a pas garanti de sa violence, de
ses menaces et de ses calculs. Je ne doute pas qu'il ne

m'ait déchiré et fait déchirer dans des volumes de lettres... (1). »

L'évêque d'Adran ne désespérait cependant pas et fit auprès du comte de Conway une dernière tentative : dans une lettre écrite de Virampatnam et datée du 18 mars, le prélat ne demandait plus qu'une frégate, une corvette, 300 hommes de troupes, 50 artilleurs, 50 Cafres et une batterie de pièces de campagne convenablement approvisionnées ; il faisait, en outre, savoir que « dans le cas où cet envoi aurait lieu, ce prince (Nguyen-Anh) se chargerait de la nourriture de toutes ces troupes, tant de terre que de mer, de fournir tous les bois nécessaires et la main-d'œuvre pour radouber les vaisseaux qui pourraient en avoir besoin ; et si la Cour venait à abandonner l'expédition, il dédommagerait le Roi de toutes les dépenses que ce petit armement aurait pu occasionner... Les bâtiments ci-dessus iraient en droiture à l'embouchure de la rivière Saint-Jacques, et pourraient aller mouiller à côté du camp où est actuellement le roi : cette rivière a assez de fond pour recevoir les plus grands vaisseaux jusqu'à dix et douze lieues dans l'intérieur du pays... Je ne puis m'empêcher de vous faire observer, en finissant, que, dès le moment où vous croirez pouvoir vous occuper de l'expédition, tout ce qui s'est passé depuis mon arrivée à Pondichéry entrera dans l'oubli. On en conclura à la Cour, et ailleurs, que, comme il arrive souvent dans les plus grandes affaires, nous avons eu d'abord quelque sujet d'altercation ; mais que, dès que vous avez cru apercevoir la gloire du Roy et l'in-

_________

(1) *Arch. du Minist. de la Mar. et des Col.*

térêt de la nation, vous avez eu le courage de mettre à part tout ressentiment, pour vous en occuper. Pour moi, je ne pourrai jamais en espérer beaucoup de gloire, puisque, outre les raisons que vous pouvez avoir de votre côté, j'ai de plus les motifs d'un état qui m'interdit tout sentiment d'aigreur (1). »

C'était peine perdue : le 15 janvier 1789, un ordre, venu de Paris, enjoignait au comte de Conway de ne pas entreprendre l'expédition de Cochinchine. Le gouvernement avait alors d'autres soucis; la Révolution marchait à pas de géant et Louis XVI, chancelant sur son trône, ne pouvait guère songer à asseoir Nguyen-Anh sur le sien. L'Indo-Chine échappait une deuxième fois à la domination française : le traité de Versailles devenait lettre morte ! « Sans cet évènement, écrit John Barrow en 1806, on ne sait trop quelles conséquences un pareil traité aurait pu avoir pour nos possessions dans l'Inde et pour le commerce de notre Compagnie avec la Chine; mais il est assez évident que leur destruction en était l'objet... Il n'est pas difficile d'apercevoir les vues que la France avait sur cette partie de la côte (Tourane). Les termes du traité montrent assez qu'elles étaient d'y construire et équiper une flotte assez importante pour menacer nos possessions territoriales dans les Indes; et il n'est pas certain que cette tentative ne sera pas renouvelée. La France-Empire saurait exécuter ce que la France-Royaume n'avait osé que projeter (2). »

Les négociants français de Pondichéry offrirent

(1) *Arch. du Minist. de la Mar. et des Col.*
(2) *Voyage à la Cochinchine.*

alors leur concours à l'évêque d'Adran, et armèrent en commun deux vaisseaux chargés d'armes, de vivres et de munitions de toute sorte ; des officiers français s'embarquèrent. Les noms de nos courageux compatriotes méritent d'être connus ; groupés autour de l'évêque d'Adran, ils devinrent ses auxiliaires les plus dévoués ; c'étaient. :

Dayot, qui devint chef d'une division de la flotte annamite composée de deux vaisseaux : le *Donnaï* et le *Prince-de-Cochinchine* ; il périt vers 1796, dans le golfe du Tonkin, après avoir exécuté de nombreux levés hydrographiques sur la côte d'Annam.

Victor Ollivier (*Ong-Tin*), colonel du génie, fut chargé particulièrement par Nuyen-Anh de l'organisation de l'armée, de l'artillerie et de la fortification ; il mourut d'anémie à Malacca, le 23 mars 1799.

Théodore Lebrun, ingénieur.

Philippe Vannier, capitaine de vaisseau, fut commandant du *Donnaï*, puis du *Phénix*, où il avait pour second M. Renon.

Jean-Baptiste Chaigneau (*Ong-Long*), officier de vaisseau, venu en Cochinchine sur la *Flavie* (1791), devint commandant du *Dragon*.

De Forsanz, commandant l'*Aigle*, mourut en 1809, après une longue et cruelle maladie.

Julien Girard de l'Isle-Sellé, capitaine de vaisseau.

Laurent Barisy, lieutenant-colonel.

Despiaux, médecin du roi.

Louis Guillon, lieutenant de vaisseau.

Jean Guilloux, lieutenant de vaisseau.

A ce sujet, il convient de remarquer que le *Gia-Dinh-Tong-Chi*, qui relate en termes si élogieux la

conduite du matelot breton Emmanuel, est complètement muet sur les faits et gestes des officiers français ;
ce silence volontaire doit être attribué à la prudence
du chroniqueur annamite, qui écrivait sous Minh-
Mang, dont le règne fut si préjudiciable à l'influence
française en Annam.

Nos compatriotes débarquèrent à Saigon et se mirent
immédiatement à la disposition de Nguyen-Anh pour
organiser l'armée, en diriger l'instruction, équiper
une flotte de guerre et construire ces grandes citadelles bastionnées, que nous avons été obligés d'enlever pendant la conquête de la Basse-Cochinchine et
du Tonkin. Nguyen-Anh put alors reprendre la campagne contre l'usurpateur ; deux fois le Binthuan fut
envahi, et, en 1791, une partie de la flotte tayson fut
brûlée dans la baie de Thi-Naï. John Barrow a décrit
ce combat naval : « Nguyen-Anh mit à la tête de la
flotte deux officiers français qui commandaient deux
vaisseaux européens. On dit que l'un d'eux, M. Dayot,
fit éprouver à la flotte cochinchinoise une perte considérable, brûlant, coulant ou désemparant tout ce
qu'il trouva sur son passage. Mais, entraîné par ses
succès, il s'avança trop et son vaisseau s'échoua. On
dit aussi que le roi, témoin de cet accident qui pouvait lui arracher la victoire, ne put cependant s'empêcher de témoigner une certaine satisfaction de ce qu'il
lui laissait l'occasion de se signaler à son tour comme
Dayot : il a bien fait sa part, dit-il, je n'aurais pas
voulu qu'il eût fait aussi la mienne (1). »

La mort, à Hué, du général tayson qui, sous le

(1) *Voyage à la Cochinchine*, 1806

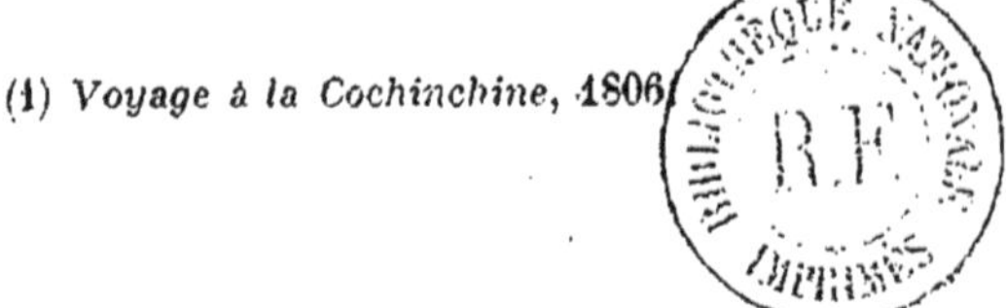

nom de Quang-Trung, avait usurpé la couronne de la
Haute-Cochinchine et du Tonkin, vint encore faciliter
la tâche de Nguyen-Anh. Quang-Trung avait été le
plus rude adversaire : il avait soulevé presque tous
les Annamites contre leur roi légitime et prêché une
sorte de guerre sainte contre les Français. Aussi, dès
que la nouvelle de sa mort fut parvenue au pays de
Gia-Dinh, Nguyen-Anh se mit-il en campagne, prenant Qui-Nhon comme objectif de ses opérations. En
1792, il s'empare de Dienkanh, que le colonel Ollivier
entoure immédiatement d'une enceinte bastionnée :
en 1794, les rebelles tentent un coup de main sur
cette citadelle et sont repoussés. Les canons de campagne français leur mirent beaucoup de monde hors
de combat. « On ne peut, disaient-ils, résister à cet
instrument de guerre ; on le mène par la bride comme
un cheval ; il court partout avec l'armée (1). » Les
hostilités continuèrent : au mois d'avril 1794, le port
de Nhatrang, en Kahn-Hoa, fut bloqué par les jonques
des Tayson, qui mirent le siège devant la ville ; mais
le prince royal, l'évêque d'Adran et le colonel Ollivier
s'enfermèrent dans la place : ce dernier prit de telles
dispositions de défense que les Tayson furent obligés
de lever le siège.

Ce ne fut cependant qu'en 1799 que Nguyen-Anh
put s'emparer de Qui-Nhon : « Au bout de deux mois
de siège, la ville fut obligée d'ouvrir ses portes. Le
vainqueur y entra, suivi de plus de 100 éléphants pris
aux ennemis : quarante à cinquante mille hommes
abandonnèrent les drapeaux des rebelles et vinrent se

(1) Abbé Bouillevaux, *déjà cité.*

ranger sous les siens. Par cette conquête, le parti des Tayson fut entièrement détruit en Cochinchine, et toute la partie du royaume, qui était encore sous leur domination, ne tarda pas à passer sous celle de Nguyen-Anh (1). »

Malheureusement, le 9 octobre de la même année, mourait à Binh-Dinh, à l'âge de 58 ans, Mgr Pigneaux de Béhaine : c'était une perte irréparable et pour la France et pour Nguyen-Anh, qui lui fit des funérailles splendides. La dépouille mortelle de l'évêque fut transportée à Saigon, où le souverain annamite lui éleva un tombeau magnifique.

« Les funérailles se firent avec une pompe extraordinaire : elles eurent lieu le 16 décembre. Le roi y assista avec toute sa cour et tous ses mandarins. Le prélat avait demandé à être inhumé dans un petit jardin, qu'il avait cultivé de ses propres mains, et qui était situé à peu de distance de la ville. Le cortège funèbre se mit en route à deux heures après minuit. Le prince royal était à la tête du convoi; il était suivi d'une foule qu'on pouvait évaluer à cinquante mille personnes, sans compter les spectateurs qui étaient innombrables. Cent vingt éléphants, richement ornés, marchaient à côté du cercueil. Toute la garde royale était sous les armes et formait une double haie le long du chemin qu'on avait à parcourir. Quatre-vingts hommes choisis portaient le corps placé dans un superbe palanquin. La marche du cortège dura sept heures, et il était neuf heures du matin quand on arriva au jardin, où devait se faire la sépulture. Le roi avait mis, à la

_______________

(1) *La Chine et la Cochinchine;* Roy, 1877.

disposition des missionnaires, tout ce dont ils pourraient avoir besoin pour donner aux funérailles de leur
évêque la plus grande pompe possible. Aussi les cérémonies de l'Eglise furent faites par M. Eliat, l'un des
missionnaires, avec tout l'appareil qu'on aurait pu leur
donner dans un pays catholique. Quand le corps eut
été descendu dans le tombeau et que le prêtre, suivant l'usage, y eut jeté un peu de terre, le roi s'ap-
procha et en jeta aussi en versant des larmes. Puis,
quand les prêtres catholiques eurent terminé leurs
cérémonies, le roi voulut honorer, par un sacrifice à
la manière de son pays, le *maître illustre* qui l'avait
soutenu dans l'infortune et guidé dans la prospérité.
Nous ferons remarquer, en passant, que le nom de
*maître illustre*, donné par le roi et les Cochinchinois
à l'évêque d'Adran, est celui que les Chinois donnent
à Confucius et aux grands hommes qu'ils veulent honorer (1). »

Le corps du prélat descendu dans la fosse, Gialong
adressa un dernier adieu au Français énergique qui
l'avait aidé à reconquérir sa couronne : « Je possédais
un sage, l'intime confident de tous mes secrets, qui,
malgré la distance de plusieurs milliers de lieues,
était venu dans mes Etats et s'était attaché à ma
personne avec tant de fidélité et de constance, qu'il
ne m'abandonna jamais, lors même que j'étais poursuivi par l'adversité et n'éprouvais que des revers de
fortune... Le sage, dont je veux parler, est le grand
maître Pierre Pigneaux, décoré de la dignité épisco-
pale et du glorieux titre de plénipotentiaire du roi de

(1) Roy, *déjà cité.*

France, avec le commandement et la direction des troupes de terre et de mer et des secours maritimes que ce souverain avait ordonné d'envoyer pour m'aider à recouvrer mes États... Je donnai à ce grand homme la plus grande marque de confiance que je pusse lui accorder... Je lui confiai l'éducation de mon fils aîné, héritier présomptif de ma couronne ; je le lui remis entre les mains, quoiqu'il eût le dessein de l'emmener au-delà des mers, dans le royaume qui est sa patrie, afin d'intéresser en ma faveur, par le récit de mes infortunes, le grand monarque qui y régnait. Il réussit à m'en obtenir des secours de troupes, que ce souverain avait ordonné de m'envoyer ; mais ces secours ne furent point expédiés, parce que, lorsqu'il était déjà en chemin pour revenir vers moi, ses projets furent traversés par des personnes qui refusèrent d'exécuter les ordres de leur monarque... Le corps de ce grand homme est tombé en ruines ; son âme, qui était comme dans une terre étrangère, s'est envolée au ciel... Je termine ici ce petit éloge ; pour mes regrets et ceux de la cour, ils n'auront point de fin. Belle âme du Grand-Maître, recevez cette marque de ma faveur et de mon amitié ! (1) »

L'inscription chinoise, gravée en lettres d'or sur le tombeau de l'évêque, a été traduite par un interprète annamite : « L'illustre docteur Pigneaux, Pierre, chrétien dès son enfance, fut versé dans toutes les connaissances des savants. Il était jeune quand il vint dans notre royaume qui était alors rempli de troubles. Le docteur fut pour nous un auxiliaire dévoué ; il se

_______________

(1) *Souvenirs de Hué.*

montra non moins distingué par son instruction que
par la prudence de ses conseils à cette époque difficile.
Il voulut bien se charger de la mission importante de
demander l'appui d'une flotte alliée dans un pays
lointain et il ne put nous l'amener qu'après avoir
franchi les montagnes et affronté les périls des mers.
Pendant plus de 20 ans, il travailla avec une ardeur
constante, soit en recherchant les moyens de gouverner, soit en combinant les mesures à prendre pour
reconquérir nos provinces et les pacifier. Toutes ses
actions méritent d'être transmises comme des exemples à la postérité. Si notre royaume est parvenu au
plus haut degré de splendeur, il le doit surtout au
génie et aux soins du noble évêque... (1). »

« Cet évêque missionnaire, dit l'abbé Launay, avait
les qualités d'un homme d'Etat ; il comprit le parti
que la religion et la France pouvaient tirer d'une
alliance intime avec la Cochinchine ; il tenta la réalisation de cette œuvre, et les circonstances l'empêchè-
rent de réussir... Le premier, il fit avec honneur
flotter dans ces parages le drapeau français ; sur ces
plages lointaines, lui seul a donné à cette époque plus
de prestige à la France que vingt victoires (2). »

Les Anglais eux-mêmes (et on sait avec quelle
haine jalouse ils parlent de notre histoire coloniale)
ont rendu justice à celui qu'on peut appeler un grand
patriote : ils se sont parfaitement rendu compte de
l'influence que l'évêque exerçait sur Nguyen-Anh.
Le souverain annamite entreprit en effet la réorgani-

---

(1) *Les premières années de la Cochinchine française,* Vial, 1874.
(2) *Histoire d'Annam,* 1884.

sation de son pays : création de manufactures et de grandes voies de communication ; encouragement à l'agriculture. L'armée et la marine annamites ne furent pas non plus négligées : l'évêque fit fabriquer plusieurs milliers de fusils à mèche, établir des écoles militaires ; il traduisit un traité de tactique et créa des régiments réguliers. Quant à la marine, de nombreuses constructions furent entreprises et John Barrow rapporte qu'un Anglais, qui se rendait en 1800 à Saïgon, a vu « une flotte de 1200 voiles (?), sous le commandement de Gialong, lever l'ancre, et descendre la rivière dans le plus bel ordre, en trois divisions séparées, se former en ligne de bataille, ouvrir et serrer les rangs, et exécuter toutes les différentes manœuvres aux signaux (1). »

En 1819, un Anglais, se rendant de Batavia à Hué sur le navire américain le *Beverley*, fut reçu dans la capitale par les deux mandarins français, Chaigneau et Vannier : « Adran fut un homme extraordinaire, écrit-il ; il s'en manque de peu qu'il ne fondât en Asie un empire supérieur au nôtre... Cet esprit d'entreprise, cette audacieuse activité que nous admirons chez les Anson, les Clive, les Cook, les Nelson, pourquoi les flétrissons-nous du nom d'ambition et d'intrigue dans les Poivre, les Labourdonnaye, les Adran! Est-ce parce que ceux-ci sont Français ou parce que la fortune les a trompés ?... Parmi ces hommes demi-barbares (les Annamites) le titre de compatriote est, aujourd'hui même, le meilleur sauf-conduit. Il y a quatorze ans qu'il est mort, et ils en parlent encore les

______

(1) *Voyage à la Cochinchine*, 1806.

larmes aux yeux. C'est un fait... J'en ai été le témoin oculaire (1). »

Nguyen-Anh continua la lutte contre les Tayson : en 1801 seulement, il avait reconquis tout l'ancien royaume de ses ancêtres; il porta alors ses armes contre le Tonkin, faisant espérer aux habitants qu'il allait replacer un Lê (2) sur le trône. La conquête achevée, Nguyen-Anh prit le titre de *Vua* (roi) sous le nom de Gialong (*souveraine extension*) : la Chine le reconnut en 1804.

Grâce à l'évêque d'Adran et aux officiers français qui l'avaient suivi, Gialong avait donc soumis tout l'Annam : de tous nos compatriotes, qui avaient contribué à l'asseoir sur le trône, deux seulement restaient encore en Annam, Chaigneau et Vannier. « Se voyant ensuite seuls Français à la cour de Hué, où ils occupaient chacun une position identique, ils se considérèrent comme liés solidairement l'un à l'autre, ayant les mêmes devoirs à remplir et les mêmes intérêts à défendre, ceux de la religion et de la France, dont ils étaient les représentants naturels et dont ils devaient faire valoir les droits et maintenir la dignité (3). » Investis de toute la confiance de leur souverain, jalousés cependant par les mandarins indigènes, ils sauront, pendant vingt-cinq ans, faire prédominer l'influence française en Annam.

---

(1) *Journal de Calcutta*, n° 165.
(2) La dynastie des Lê était la dynastie nationale du Tonkin.
(3) Michel Duc Chaigneau, *déjà cité*.

# CHAPITRE V



Depuis la signature du traité de Versailles, la
France, absorbée par les grandes guerres de la Révolution et de l'Empire, avait négligé de poursuivre ses
relations avec l'Indo-Chine : d'ailleurs toutes les puissances maritimes en étaient au même point. L'Angleterre, même, qui, en 1808, avait envoyé une escadre
sur les côtes du Tonkin pour s'ouvrir des débouchés
commerciaux à coups de canon, avait vu cette escadre
incendiée par les jonques annamites et laissait cette
insulte impunie.

Quelque temps avant, immédiatement après le couronnement de Gialong, les Anglais avaient essayé de
nouer des relations commerciales avec l'Annam. Jusqu'alors ils s'étaient désintéressés de la Cochinchine

« tant à cause de l'étendue de leurs possessions dans les autres parties de l'Inde, que parce que leur commerce, dans ces parages, se fait principalement à Canton ; et peut-être aussi parce qu'ils ne voyaient point de rivaux dans ces pays-là, dont ils eussent à craindre une fâcheuse influence sur leur système de commerce universel (1). »

La Compagnie des Indes avait donc dépêché vers Gialong un de ses agents, M. Roberts, chef de ses subrécargues à Canton : l'objet de la mission était à la fois diplomatique et commercial : M. Roberts arriva en Cochinchine vers 1804 avec deux vaisseaux chargés de marchandises et de présents, sut gagner à sa cause les mandarins et sollicita une audience. « Les Anglais n'ignoraient pas l'estime particulière dont jouissaient les Français auprès de Gialong : aussi ne négligeat-on rien pour en prévenir les effets. Par exemple, on avait compris, dans les présents destinés à ce prince, des tableaux qui retraçaient les époques les plus funestes de notre Révolution et rappelaient surtout les malheurs de l'infortuné Louis XVI, au sort duquel Gialong avait souvent donné des regrets (2). » MM. Chaigneau et Vannier usèrent de toute leur influence près de leur souverain et l'agent anglais en fut pour ses frais : Gialong « renvoya, sans hésiter, tous les présents qu'il avait déjà reçus et fit dire au sieur Roberts que les Anglais qui, désormais, vien-

(1) *Arch. du Minist. de la Mar. et des Col.* (Lettre de M. Janssaud à S. E. le comte Molé, ministre de la Marine et des Colonies, 15 novembre 1818.)

(2) *Arch. du Minist. de la Mar. et des Col.* (Lettre de Janssaud au comte Molé.)

draient commercer dans ses Etats, y jouiraient, sans distinction, des mêmes privilèges que tout autre peuple (1). » L'agent anglais repartit pour Canton.

Le 16 fructidor an V, le capitaine de vaisseau Larcher soumettait au Directoire exécutif un projet d'établissement aux Philippines et à la Cochinchine : il rappelait les services rendus par l'évêque d'Adran, les secours réclamés par Nguyen-Anh et refusés par le gouvernement de Louis XVI; il faisait ressortir les avantages que la France pourrait retirer d'un établissement en Extrême-Orient dans ses luttes prochaines contre l'Angleterre. La haine aveugle, dont le capitaine Larcher était animé contre la marine britannique, lui faisait même formuler un jugement injuste sur les officiers de l'ancienne monarchie : « Sous l'ancien régime, écrivait-il, l'Angleterre s'était accoutumée à nous faire la loi; j'ose croire que, sous celui-ci, nous prendrons notre revanche. »

Pouvait-on méconnaître davantage les glorieux faits d'armes de nos généraux et de nos chefs d'escadre dans les Indes Orientales ? Le capitaine Larcher escomptait les intérêts d'une alliance franco-espagnole contre l'Angleterre : « L'établissement de Cochinchine rendrait la République française maîtresse du commerce des détroits, du golfe de Siam et donnerait la prépondérance sur celui de la Chine; de concert avec l'établissement des Philippines et avec le Gouvernement de Manille, à la moindre provocation des Anglais, l'est de l'Asie leur serait fermé, et on pourrait défier toutes les forces navales de cette puissance

---

(1) *Arch. du Minist. de la Mar. et des Col.*

d'en forcer jamais les barrières... Les établissements
que je propose sont la pierre d'achoppement posée
pour opérer la chute de l'Angleterre, et une alliance
inaltérable de la République française avec l'Espagne
ne peut que l'accélérer. Quel doit être le but de toutes
les puissances maritimes? La liberté des mers et
faire déchoir l'orgueilleuse Angleterre de cet état de
splendeur où son commerce l'a fait monter, et qui la
rend si insolente envers toutes les nations. Il me
semble que tous les bons esprits doivent tendre à
trouver les moyens de rabaisser son impudence et sa
présomption : trop heureux, si, par le plan que je
soumets aux lumières du Directoire exécutif, j'en
pouvais devenir un des instruments ! Combien l'humanité aurait moins à souffrir ! (1) »

De l'autre côté de la Manche, la haine était non
moins vivace. Les Anglais cherchaient à combattre
notre influence en Extrême-Orient par tous les moyens
possibles : John Barrow n'écrivait-il pas : « Les
Français, pénétrés des solides avantages qui résultent
de la connaissance des langues, donnent en ce moment
les plus grands encouragements à l'étude de la littéra-
ture chinoise, et on voit clairement que ce n'est pas
sans dessein. Ils savent que la langue écrite des
Chinois est entendue depuis le golfe de Siam jusqu'à
la mer de Tartarie et dans la plupart des îles de
l'Archipel oriental ; et que les Cochinchinois, qui leur
sont déjà singulièrement attachés, ne se servent, ainsi
que les Japonais, que de purs caractères chinois. Il y
a donc lieu d'espérer que la nation britannique ne

_______

(1) *Archives du Minist. de la Mar. et des Col.*

négligera pas les moyens de se mettre en état de combattre les Français, même sur ce champ de bataille (1). »

Le 2 frimaire an X, de Cossigny, qui s'était retiré à Paris, rue Mazarine, soumettait également au premier Consul un projet d'expédition en Cochinchine : « J'ai tâché, dans une note succincte, qui a été remise au conseiller d'Etat Portalis, de faire sentir l'importance attachée au choix d'un évêque pour les missions de la Cochinchine, en remplacement du dernier, dont nous regrettons la perte. Ce vertueux prélat, qui avait toute la confiance du roi, ménageait dès longtemps à la France les moyens d'y former un établissement. Les vues, que je vais exposer, sont celles qu'il m'a présentées dans plusieurs entretiens que j'ai eus avec lui à l'Isle de France en 1786 et en 1788. » De Cossigny rappelait brièvement les relations amicales qui avaient existé entre Nguyen-Anh et Louis XVI, avançant que le souverain annamite était toujours dans les mêmes intentions et qu'il suffisait de jeter quelques troupes pour asseoir définitivement Nguyen-Anh sur le trône : il exposait au Premier Consul combien seraient avantageuses les relations commerciales avec un pays aussi riche que la Cochinchine en diverses productions : sucre, riz, or, indigo, coton, etc... « Je pense, concluait Cossigny, qu'il est à propos d'expédier au plus tôt (après nivôse, il sera trop tard, vu les moussons des Indes) une frégate de 40 canons et une corvette pour la Cochinchine, avec un ministre plénipotentiaire chargé de conclure un traité d'alliance,

_________

(1) *Voyage en Chine* 1805.

d'amitié et de commerce avec le roi... L'auteur de ce
projet qui a voyagé à la Chine, où il avait pris des
connaissances sur la Cochinchine, a été lié d'amitié
avec l'évêque d'Adran... Malgré son grand âge, son
zèle n'a point vieilli, et il offre au Premier Consul ses
services pour l'expédition qu'il propose... (1). » L'exécution de ce projet fut ajournée.

La France était absorbée par les grandes guerres de
l'Empire : Napoléon, dans sa rage contre l'Angleterre,
cherchait les moyens de l'atteindre même en Extrême-
Orient. Il avait déjà lancé Tippoo-Saïb contre elle et
il pensait que la création d'un établissement français
dans les mers de Chine pourrait être d'une grande
utilité dans la lutte contre la Grande-Bretagne. Le
conseiller d'Etat d'Hauterive demanda donc, le 29
janvier 1812, au Ministère de la Marine, des renseignements sur la mission de l'évêque d'Adran ; le chef
du dépôt des archives et des chartes ne put les lui
fournir d'une façon exacte : « Je me rappelle, répondit-
il au conseiller d'Hauterive, d'avoir, dans le temps,
entendu parler de la Cochinchine, et, qu'à cette
époque, l'évêque d'Adran visita Paris avec le fils de
ce roi pour y solliciter les secours de la France ; cette
négociation traîna beaucoup en longueur. Cependant
le ministre de la marine, d'après les ordres du Roy,
destina des troupes et nomma un général pour suivre
cette expédition. L'évêque, alors, repassa avec le
prince à la Cochinchine... Je n'ose garantir littéralement ces faits ; je ne vous les présente que comme

_______________

(1) *Archives du Minist. de la Mar. et des Col.*

objet de mémoire... (1). » Trois ans après, Napoléon tombait à Waterloo.

Ce fut seulement sous Louis XVIII que le ministère Richelieu essaya de renouer les relations avec l'Annam ; la frégate la *Cybèle* partit de Brest le 16 mars 1816, sous le commandement de Achille de Kergariou, capitaine des vaisseaux du Roi, chevalier de l'Ordre royal et militaire de Saint-Louis et de la Légion d'honneur, commandant les forces navales du Roi de France à l'Est du Cap de Bonne-Espérance. Le ministre de la marine, vicomte du Bouchage, lui avait donné les instructions suivantes : Arriver à Tourane vers le commencement de janvier 1818 ; écrire à MM. Chaigneau et Vannier, anciens officiers de vaisseau et actuellement mandarins à la cour de Gialong, pour obtenir une audience du souverain annamite. Le ministre de la marine recommandait surtout de ne se borner qu'à montrer le pavillon du Roi de France dans les mers de l'Asie, à protéger les navires français qui pourraient s'y trouver et à recueillir des notes utiles sur le commerce et la navigation. Il ne s'agissait d'ouvrir aucune négociation : « Vous leur direz (à MM. Chaigneau et Vannier) que S. M. vous ayant ordonné de toucher en Cochinchine, a voulu offrir au souverain de ce royaume un léger présent comme témoignage de l'amitié qu'avait pour lui l'infortuné Louis XVI et de celle qu'il a aussi conçue pour Sa Majesté, tant pour ses vertus particulières que pour la similitude de leurs destinées. Vous ferez vos efforts

---

(1) *Archives du Minist. de la Mar. et des Col.*

pour obtenir une audience de Sa Majesté, lui présenter vous-même ce présent. Mais, soit que vous réussissiez ou non, vous saisirez cette occasion de notifier à Sa Majesté le retour du Roi de France, Louis XVIII, dans le royaume de ses aïeux, et vous réclamerez en son nom l'appui de Sa Majesté le Roi de Cochinchine et du Tonkin pour les navigateurs et négociants français qui pourraient se présenter dans les ports de ses Etats (1). »

La *Cybèle* mouilla le 1ᵉʳ juillet 1817 à Pondichéry, répara ses avaries, fit des vivres frais et remit aussitôt à la voile pour Manille, où elle arriva en septembre. A Macao, commencèrent les difficultés avec les Chinois ; les évêques et les missionnaires recommandèrent au commandant de Kergariou d'agir avec la plus grande circonspection. Les Chinois étaient très animés contre les Européens à la suite des affaires de l'ambassade de lord Amherst ; les Célestes s'obstinaient à considérer la *Cybèle* comme une frégate anglaise naviguant sous pavillon français ; des jonques de guerre vinrent mouiller en vue de la frégate pour la surveiller et défendre l'entrée de la rivière de Canton.

Lord Amherst avait été envoyé en Chine, en 1816, comme ambassadeur, à la suite d'une dissension survenue en 1814 ; pendant la guerre de l'Angleterre avec les Etats-Unis, un vaisseau anglais, la *Doris*, avait capturé un navire américain dans les eaux de Macao ; les mandarins de Canton adressèrent des représenta-

---

(1) *Archives du Minist. de la Mar. et des Col.*

tions au comité de direction de la Compagnie anglaise et, les deux parties n'ayant pu s'entendre, le commerce fut complètement arrêté. Il reprit quelque temps après et lord Amherst avait été envoyé par son gouvernement pour obtenir à l'avenir des garanties de sécurité pour le commerce de la nation (1).

« Les relations sont peu fréquentes entre Macao et la Cochinchine, écrivait le commandant de Kergariou au ministre ; ma lettre à MM. Chaigneau et Vannier n'a pu être envoyée et m'a été rendue ici. Cependant M. l'abbé Marchini croit que nous y serons très bien reçus, à moins qu'il ne se soit fait quelque changement dans l'esprit du roi, depuis la mesure qu'il a prise dans le courant de juillet 1816, en désignant pour son successeur le fils d'une concubine, au préjudice de l'héritier légitime, fils du prince qui fut à Versailles, à la Cour de S. M. Louis XVI sous la conduite de l'évêque d'Adran. On dit aussi que son successeur a témoigné sa haine contre la religion chrétienne. La conduite du roi a été improuvée par S. M. l'empereur de la Chine qui lui a ordonné de prendre pour successeur l'héritier légitime : sa conduite a été aussi fortement en opposition avec l'opinion des premiers mandarins de la Cour.

» D'un autre côté le roi est toujours sur une défensive armée contre les Anglais : en 1812, une frégate anglaise vint, dans la baie de Tourane, y réclamer, au nom de la Compagnie anglaise, cent mille piastres..... Le roi refusa d'obtempérer à la demande du capitaine anglais :

(1) *Voyage en Chine et à la Cochinchine* ; Haussmann, 1848.

celui-ci s'emporta en menaces d'un débarquement de
20,000 hommes et des forces navales de la Grande-
Bretagne. Le roi a annoncé qu'il s'ensevelirait plutôt
sous les débris de son empire que de céder en rien
aux demandes injustes des Anglais, et, depuis, il les
a attendus à chaque mousson et a passé trois ans à
fortifier triplement la baie de Tourane et ses appro-
ches ; il est toujours sur le qui-vive (1). »

La *Cybèle* ne put remonter jusqu'à Canton : le gouverneur de Macao, don José de Castro Cabral de Al-
buberque, s'était en vain efforcé de calmer les craintes
des mandarins. Le commandant de Kergariou vint
donc mouiller à Tourane, le 30 décembre 1817, et
s'aboucha immédiatement avec Domingo Hàn, mandarin gouverneur et catholique : le journal de bord du
commandant de la *Cybèle* relate, avec les plus grands
détails, tous les incidents qui se produisirent pendant
le séjour de la frégate sur rade : en résumé, malgré
les instances de MM. Chaigneau et Vannier, le commandant de Kergariou ne put aller à Hué et remit à
la voile pour continuer sa mission. Gialong avait fait
répondre que les lois de l'empire lui interdisaient for-
mellement de recevoir le commandant français et ses
présents : il ordonnait cependant aux mandarins de
Tourane de souhaiter bon voyage au commandant de
la *Cybèle !* (2)

Comment expliquer ce revirement subit dans l'esprit
de l'empereur d'Annam ? M. Bergevin, commissaire
général de la marine à Bordeaux, écrivait au ministre

(1) *Arch. du Minist. de la Mar. et des Col.*
(2) *Arch. du Minist. de la Mar. et des Col.*

en 1820 que « pendant la dernière guerre, il (Gialong) a été fort aise que la France ne lui ait pas fourni les forces promises, parce que les Anglais auraient pris ce prétexte d'attaquer les ports de Saint-Jacques et de Tourane comme possessions françaises; et, d'après les différents entretiens que M. Chaigneau a eus avec le roi, il est fort aise de ne pas être obligé envers la France pour ne pas attirer contre lui les forces anglaises qui sont considérables dans l'Inde (1). » Le commissaire général Bergevin était en relations suivies avec tous les capitaines des navires de commerce, que les divers armateurs de Bordeaux envoyaient en Extrême-Orient.

Le gouvernement français n'avait envoyé la *Cybèle* dans les mers d'Asie que pour montrer de nouveau le pavillon blanc et annoncer la Restauration de Louis XVIII. Avant de reprendre les négociations sur les bases du traité de Versailles, le duc de Richelieu préférait sonder préalablement le gouvernement annamite et obtenir des renseignements précis sur la nature du commerce à faire en Extrême-Orient : il s'adressa donc à MM. Chaigneau et Vannier, dans une lettre datée du 17 septembre 1817, et leur posa les trois questions suivantes :

1º Quels seraient les moyens de protection et de sûreté pour notre commerce en Cochinchine.

2º Serait-il nécessaire de lui donner une organisation particulière, vu les circonstances propres au pays, et quelle devrait être cette organisation.

---

(1) *Le Consulat de France à Hué sous la Restauration.* Henri Cordier, 1884.

3° Quels sont les échanges qui peuvent constituer un commerce permanent, soit en le supposant direct, soit en le combinant avec le commerce de l'Inde et de la Chine (1).

Ces renseignements étaient demandés par les chambres de commerce des grands ports : celle de Lorient, en particulier, adressa au ministre de l'intérieur, le 15 octobre 1817, une réponse à une circulaire ministérielle, dans laquelle le Gouvernement demandait des renseignements « sur les moyens de procurer à notre commerce maritime toute l'extension dont il est susceptible, soit dans nos colonies, soit dans nos possessions coloniales étrangères (1). » D'après les négociants de Lorient, la Cochinchine paraissait être le pays le plus convenable pour y installer un comptoir commercial : « Nous ne nous étendrons pas davantage, écrivaient-ils, sur la nécessité d'ouvrir des relations directes avec la Cochinchine : pour apprécier les effets qui pourraient en résulter, il suffit de consulter les mémoires de M. Poivre, intendant du Roi à l'Ile de France, qui, pendant deux ans, a résidé à la Cochinchine ; ceux de M. Charpentier de Cossigny, ingénieur du Roi à l'Ile de France ; ceux de M. Blancard de Marseille ; enfin le discours que M. Louis Monneron, député de Pondichéry, prononça le 15 octobre 1790 à l'Assemblée nationale. Ces estimables citoyens ont trop bien démontré de quelle importance serait, pour la France, un commerce direct avec la Cochinchine, pour que nous insistions davantage sur ce point. C'est sur un prospectus que

_______________

(1) Henri Cordier, *déjà cité.*

M. Borne-Bonet rendit public en décembre 1815, que
la place de Bordeaux a expédié cette année trois
grands navires pour la Cochinchine et qu'elle prépare
d'autres expéditions ; deux navires de Nantes vont
prendre cette direction, et il est à présumer que
l'exemple de ces deux places sera bientôt suivi par
nos autres villes maritimes. Ce serait donc, pour le
Gouvernement français, un motif de former un établissement dans un pays qui peut offrir au commerce
toutes les ressources dont il a besoin pour prospérer,
et qui peut en même temps enrichir nos colonies de
ses nombreuses productions (1). »

La maison Balguerie, Sarget et Cⁱᵉ de Bordeaux
avait, en effet, envoyé en février 1817 le navire *la
Paix* à la Cochinchine ; à son retour, le subrécargue
du bord, M. Auguste Borel, adressa au ministre de
la marine un extrait de son journal de voyage : arrivé
le 12 août 1817 à Cangioc, à l'embouchure du Donnaï,
le subrécargue remonta seul jusqu'à Saïgon, d'où il
repartit presqu'aussitôt pour Hué : « Arrivés à Tourane,
écrit-il, nous descendîmes chez le mandarin qui reçut
au même instant une lettre du gouverneur de Faï-Fo,
qui renfermait plusieurs instructions nous concernant,
et, en outre, une lettre de M. Chaigneau, ancien
officier de la marine française et mandarin du roi ;
M. Chaigneau nous informait que le roi ayant appris
l'arrivée d'un bâtiment français dans ses ports, qui se
dirigeait sur Tourane, avait fait donner des ordres
au gouverneur pour qu'il procurât au capitaine et
aux autres personnes de l'équipage tous les moyens

(1) *Archiv. du Minist. de la Mar. et des Col.*

de se rendre commodément à Hué. Je partis seul....
Je descendis chez M. Chaigneau, où je trouvai
M. Vannier, également Français et mandarin à la
cour de Cochinchine ; il est facile de comprendre les
émotions délicieuses que leur occasionna la présence
d'un compatriote, émotions qu'ils n'avaient point
ressenties depuis vingt-cinq années consécutives...
Etrangers à toutes nos révolutions, ils ignoraient cette
tourmente dont notre patrie a été le théâtre pendant
plus de vingt-cinq années. Le récit de tant de faits
miraculeux, de tant de succès, de tant de vicissitudes
les a effrayés d'étonnement ; remerciant la main de
la Providence dans nos dernières révolutions, ils l'ont
bénie d'avoir ramené sur le trône une famille à laquelle
ils avaient, dès leurs plus tendres années, voué une
affection qu'aucune circonstance n'avait jamais altérée.
Le zèle officieux avec lequel ils nous ont servis,
l'intérêt que nous leur avons inspiré, la chaleur pa-
triotique qu'ils ont montrée dans toutes les circonstances, les précautions qu'ils ont prises pour renouer
nos relations, pour alimenter de nouveau un commerce
étroit entre la Cochinchine et la France, mérite la
reconnaissance de leur Roi et de tous les Français,
chez lesquels rien de ce qui peut contribuer à la prospérité de leur pays n'est indifférent (1). » M. Borel
rendait en outre compte de l'accueil bienveillant qu'il
avait reçu chez le mandarin des étrangers ; Gialong
lui accorda même « une permission de commerce
renfermant des conditions avantageuses pour la
France. » Le rapport de M. Borel continuait par des

---

(1) *Archiv. du Minist. de la Mar. et des Col.*

considérations géographiques, politiques et commerciales sur la Cochinchine; il concluait en faisant
ressortir les nombreux avantages que la France devait
retirer de son commerce avec l'Annam.

En France également, M. le marquis Legoux de
Flaix, chevalier de Saint-Louis, et M. du Laurens
attiraient l'attention du ministre sur les avantages
d'un établissement permanent en Cochinchine : le dernier demandait même à y être envoyé comme résident.

En attendant, le préfet de la Gironde, sur le rapport
du subrécargue de la *Paix*, proposait « de décerner
la croix de Saint-Louis à MM. Chaigneau et Vannier,
ces deux mandarins restés si bons Français, qu'on voit
dans les pièces délivrées à nos voyageurs, s'honorer de
joindre le titre d'officiers français à leurs dignités
asiatiques, et qui paraissent si bien disposés à maintenir la faveur que la vue de notre pavillon à fait re-
naitre (1). »

Gialong tenait, en effet, nos deux compatriotes en
très haute estime : Chaigneau ayant même sollicité
près de son souverain un congé pour revoir la France
et sa famille, le Roi lui adressa la lettre suivante :
« M. Chaigneau nous a présenté une requête par laquelle il déclare qu'étant parti de France l'an 1791 et
après avoir côtoyé un nombre presque infini de ports,
il vint dans la province de Gia-Dinh, où nous étions
alors, et nous offrit ses services, ce que nous accep-
tâmes bien volontiers; depuis qu'il s'est dévoué à
notre service, dans toutes les campagnes que nous

_______

(1) *Archiv. du Minist. de la Mar. et des Col.*

avons entreprises, soit par mer, soit par terre, il nous
a toujours suivi avec la plus grande fidélité et affronté
mille périls avec une constance immuable ; à présent,
que par une grâce et vertu spéciale d'en haut, nous
avons terrassé et subjugué tous nos ennemis; et que
nous avons le bonheur de jouir de la paix la plus dési-
rable, nous tâchons de le combler de nos bienfaits ;
mais comme il y a déjà vingt-six ans qu'il se voit
expatrié et éloigné de tout ce qu'il a de plus cher au
monde, il nous a témoigné le grand désir qu'il aurait
de revoir sa patrie et visiter ses chers parents; de
plus, il nous a supplié en même temps que nous dai-
gnions lui accorder la permission d'emmener avec lui
sa femme et ses enfants sur un vaisseau marchand qui
doit bientôt faire voile pour France ; nous avons cru
devoir acquiescer à une si juste demande. C'est pourquoi nous lui permettons de s'absenter trois ans, c'est-
à-dire depuis l'an 1819 jusqu'à l'an 1821... (1). » Chaigneau revint donc en France sur le navire le *Henri*,
qu'une maison de Bordeaux avait expédié en Cochinchine.

Le 25 janvier 1820, Gialong s'éteignait, après avoir
désigné comme son successeur le prince Dam, fils
d'une concubine ; la couronne devait revenir à l'un
des fils du prince Canh, mort de la petite vérole en
1801. Gialong refusa d'écouter les observations que
lui présentèrent à ce sujet deux de ses généraux :
« Peut-être craignait-il qu'influencé par le souvenir
de son père, élève de l'évêque d'Adran, ami de la

(1) *Archiv. du Minist. de la Mar. et des Col.*

France et mort catholique, son petit-fils ne subit  trop tôt l'ascendant des Français ! (1) »

Gialong fut le premier souverain de l'Annam qui porta le titre d'empereur : il avait même conféré à ses prédécesseurs ce titre posthume : il prétendait descendre directement de la famille des Minh. « Gialong fut certainement un grand souverain, comparable  par son activité et sa vaste intelligence à Louis XIV et à Napoléon : il fut comme eux un grand  organisateur, un véritable génie créateur... (2). »

Sous le règne du fils de Gialong, l'influence française ne fit que péricliter : Minh-Mang ne voulait pas entendre parler des Européens. Il avait même lancé un édit de persécution contre les chrétiens : le gouverneur de la Basse-Cochinchine était un vieillard nommé Lê-van-duyet, surnommé Taquan, qui avait connu l'évêque d'Adran et avait guerroyé contre les Tayson en faveur de Gialong. Taquan courut à Hué supplier son souverain de rapporter le décret : « Comment, dit-il, nous avons encore dans la bouche le riz dont nous nourrissait l'évêque d'Adran, quand chassés, traqués par les Tayson, nous mourions de faim dans les iles du golfe de Siam, et nous persécuterions ses coréligionnaires ! Non..... » Minh-Mang tint compte sur le moment des observations du vieux général annamite : mais quand Lê-van-duyet fut mort, il fit profaner son tombeau. Toute la Basse-Cochinchine se souleva : Minh-Mang noya la révolte dans le sang. La vieille citadelle, construite par le colonel Ollivier, fut

_______________

(1) Abbé Launay ; *déjà cité.*
(2) Commandant Vial, *déjà cité.*

rasée et deux missionnaires français, les PP. Gagelin et Marchand, furent mis à mort. Le gouvernement français a fait restaurer le tombeau de Taquan : le monument s'élève près de l'inspection de Binh-Hoa, à l'embranchement de la route du Go-Vap.

Cependant, dans les premiers jours de son avènement, Minh-Mang reçut assez bien Chaigneau qui revenait de France avec des présents de Louis XVIII et accrédité comme agent de France auprès de l'Empereur de la Cochinchine, comme consul à l'égard des sujets français et comme commissaire du Roi pour la conclusion d'un traité de commerce entre la Cochinchine et la France. Chaigneau était, en outre, porteur d'instructions très précises, rédigées par le ministre des affaires étrangères : « Le titre d'Agent de France, disaient ces instructions, est le seul que M. Chaigneau devra prendre avec le gouvernement cochinchinois. C'est en vertu de ce titre qu'il adressera à l'Empereur et aux dépositaires de son autorité toutes les demandes et représentations tendantes à garantir aux sujets du Roi, d'abord la sûreté de leurs personnes et de leurs propriétés, et ensuite le traitement le plus favorable à leurs intérêts, conformément aux stipulations positives du traité projeté ou seulement à l'équité naturelle ainsi qu'à l'amitié qui unit les deux gouvernements (1). »

Le traité que Chaigneau était chargé de négocier avec l'Annam devait contenir les stipulations suivantes :

1° Toutes les contestations, qui s'élèveront entre

_____

(1) Henri Cordier, *déjà cité.*

les sujets de S. M., seront jugées par l'agent de France, conformément à nos lois et sans qu'aucun officier du pays puisse en prendre connaissance.

2° Toutes les affaires, où les sujets de l'Empereur se trouveront mêlés avec ceux de S. M., seront jugées par les autorités locales et compétentes, mais dans le plus court délai possible, conformément aux règles les plus exactes de l'équité, et toujours après que l'agent de France aura été appelé et entendu pour la défense de ses nationaux.

3° Les sujets du Roi pourront importer en Cochinchine toutes les marchandises d'Europe et des autres parties du monde, et en exporter toutes celles qui s'y trouveront : il n'y aura d'exceptions à cet égard que pour les marchandises qui sont ou seront prohibées par les lois du pays. Les Français jouiront des privilèges de toute espèce qui seront accordés par la suite à d'autres peuples, soit par traité, soit de tout autre manière.

« Il est encore un objet sur lequel M. Chaigneau portera son attention et fera parvenir des renseignements au ministère. Peut-être l'Empereur de Cochinchine verrait-il avec plaisir passer dans ses États, pour s'employer à son service, quelques Français d'une capacité éprouvée dans la marine, le génie ou d'autres parties scientifiques... Ces Français, utiles au Gouvernement de la Cochinchine, attireraient la faveur sur nos établissements, leur donneraient de la consistance, et concourraient, avec l'Agent du Roi, au maintien et à l'accroissement de notre crédit (1). »

_______

(1) Henri Cordier, *déjà cité.*

Lorsqu'à son arrivée à Hué, Chaigneau voulut remettre la lettre de Louis XVIII, Minh-Mang refusa de l'écouter : « Le roi de France, dit-il, a auprès de lui des hommes assez éclairés pour lui interpréter fidèlement mes écrits, et, d'ailleurs, il m'a écrit seulement dans sa langue, n'est-il pas naturel que j'en use de même avec lui et que je n'aie recours qu'à la mienne. » Le mandarin des étrangers écrivit même au ministre de la marine la lettre suivante, qui dénote chez Minh-Mang l'idée très arrêtée de cesser les relations que son père avait entretenues avec la France :

« Les frontières d'Annam sont situées aux extrémités du Midi et celles de la France aux extrémités de l'Occident ; les limites des deux Etats sont séparées par plusieurs mers ou par une distance de plusieurs milliers de lieues... Les gens de notre pays peuvent rarement arriver jusqu'au vôtre... Si les gens de votre pays désirent commercer dans notre royaume, ils se conformeront aux réglements, comme cela est raisonnable (1). »

La frégate la *Cléopâtre*, commandée par M. Courson de la Ville-Hélio, capitaine de vaisseau, partie de Brest le 18 juin 1821, arrivait en octobre de la même année dans les mers de Chine ; la frégate vint mouiller à Tourane, mais Minh-Mang refusa catégoriquement de recevoir le commandant. Pendant les trois années de campagne de la *Cléopâtre*, le second du bord, M. Nourquer du Camper, étudia consciencieusement la situation du royaume d'Annam et conclut ainsi : « Les Français y sont connus et aimés ;

_____________

(1) Abbé Launay, *déjà cité*.

ils y ont rendu des services éminents, et il faudrait
peu de choses pour leur faire accorder, plus ouverte-
ment encore, des avantages plus considérables que
ceux que nous possédons déjà ; car nous sommes la
seule nation européenne qui commerce avec cet empire... Nous devrions y avoir et y envoyer continuellement des bâtiments de guerre dont les états-majors
se montrassent dans la capitale... Je pense enfin qu'on
doit tout faire pour amener toutes les liaisons possibles
entre deux Etats que leurs intérêts réciproques rap-
prochent mutuellement (1). »

L'Angleterre, de son côté, avait essayé de prendre
langue à Hué ; le gouverneur général du Bengale y
avait envoyé une ambassade conduite par sir John
Crawfurd ; elle n'aboutit pas. Minh-Mang, fidèle au
programme qu'il s'était tracé, tenait absolument
fermées aux étrangers les portes de son empire.
A l'intérieur même, il négligea tellement Chaigneau et
Vannier que ces deux seuls survivants des compagnons de l'évêque d'Adran, furent obligés de quitter
la terre d'Annam « leur seconde patrie. » (15 nov.
1824.)

Le 19 janvier de la même année, une division
composée de la frégate la *Thétis* (commandant baron
de Bougainville) et de la corvette l'*Espérance* (commandant du Camper), mouilla dans la baie de
Tourane ; les officiers français furent reçus avec la
plus grande solennité et les équipages entourés des
prévenances des Annamites. Le baron de Bougain-

_______

(1) *Annales maritimes et coloniales.* 1822.

ville devait remettre à Minh-Mang une lettre de Louis XVIII :

« Très-haut, très-excellent, très-puissant et très-magnanime prince, notre cher et bon ami, Dieu veuille augmenter votre grandeur avec fin heureuse. Le sieur Chaigneau, qui est accrédité près de vous en qualité de notre agent, nous a rendu un compte fidèle de l'accueil qu'il a reçu de vous, ainsi que des mesures qui ont été prises, par vos ordres, pour protéger efficacement ceux de nos sujets qui se sont rendus dans vos Etats pour s'y livrer au commerce. Ces heureuses nouvelles nous ont fait éprouver une satisfaction d'autant plus vive, que nous retrouvons en vous les mêmes sentiments qui ont animé les rois, vos prédécesseurs et particulièrement votre auguste père... Nous devons donc espérer que vous continuerez à faire jouir nos sujets de votre bienveillance et de votre protection et qu'il leur sera accordé une prompte justice pour tout ce qui pourra concerner la sûreté de leur personne et de leurs propriétés. C'est par le maintien de semblables dispositions qu'on pourra établir et augmenter successivement les relations de commerce qui seront également avantageuses aux deux Etats. Comme nous désirons vous donner, de notre côté, un témoignage éclatant de notre sincère estime, nous avons ordonné au sieur de Bougainville commandant deux de nos vaisseaux, de se rendre directement dans un port soumis à votre puissance, pour vous porter cette lettre qui contient l'expression véritable de nos sentiments pour vous. Cet officier se présentera à vous, sous les auspices du sieur Chaigneau, que nous confirmons dans les fonctions de notre Agent près de vous. Nous vous prions de les accueillir tous les deux avec bonté... Sur ce, nous prions Dieu qu'il augmente votre bonheur avec fin heureuse (1). »

Lorsque le baron de Bougainville voulut remettre la lettre de Louis XVIII, Minh-Mang refusa de la recevoir, parce que, disait-il, cette lettre était écrite en français et que personne ne pouvait la lui traduire. « C'était un mensonge et une insulte à notre pavillon. Une prompte et éclatante vengeance, en montrant à ces peuples la puissance des barbares d'Occident, comme ils appelaient les Européens, eût peut-être modifié les dispositions de Minh-Mang et épargné bien des malheurs aux chrétiens d'Annam et à la France de longues et coûteuses expéditions (2). »

Louis XVIII ne connut jamais la réponse insolente du souverain annamite, et le gouvernement de Charles X était trop occupé à l'intérieur pour songer à en tirer satisfaction. Dès son avènement, Louis-Philippe reprit la suite des négociations avec l'Annam ; la frégate la *Favorite* (commandant Laplace), arriva de nouveau à Tourane (1831) ; elle venait installer, comme consul à Hué, M. Chaigneau, le neveu du compagnon de l'évêque d'Adran ; le commandant Laplace fut éconduit comme l'avait été le baron de Bougainville. Non seulement Minh-Mang restait sourd aux observations du gouvernement français, mais il exerçait encore une effroyable persécution contre les chrétiens et les missionnaires français. Aussi lorsque, vers la fin de son règne, dans la crainte des repré-

____

(1) Henri Cordier, *déjà cité.*
(2) Abbé Launay, *déjà cité.*

sailles, le roi d'Annam envoya une ambassade en
France, vit-il cette ambassade renvoyée par le gouvernement de Louis-Philippe : la situation se tendait
de plus en plus.

Cependant, M. Guizot n'était pas favorable à la
création d'un établissement sur les côtes de Cochinchine ; il reconnaissait bien la nécessité pour la France
d'avoir un arsenal dans les mers d'Asie ; il n'était pas
convenable, selon lui, qu'en cas d'avaries, nos bâtiments fussent obligés d'aller soit à Macao, soit à Hong-
Kong, soit à Cavite. Il avait même envoyé à cet effet
une mission qui avait choisi la petite île de Basilan, à
l'extrémité nord de l'archipel Soulou et par le travers
de Mindanao : une île, sans aucune puissance voisine
pour nous gêner, tel était, pour M. Guizot, l'idéal d'un
établissement français en Extrême-Orient. « Nous
avons des questions assez graves et assez compliquées
à débattre en Europe, écrivait-il à son collègue de la
marine, une surveillance assez active à exercer en
Orient, une tâche assez rude à remplir en Algérie, des
intérêts assez importants à soigner en Amérique, sans
nous lancer ailleurs dans des entreprises hasardeuses,
sans aller créer de nos propres mains, au centre des
mers de l'Inde et de la Chine, une nouvelle source de
préoccupations, d'embarras et de charges pour la
France (1). »

A l'avènement de Thieutri (1841), les persécutions
recommencèrent ; la corvette l'*Héroïne*, commandant
Favin-Lévêque, arriva à Tourane (1843). Cinq missionnaires français, emprisonnés à Hué, devaient subir la

_______

(1) *Arch. du Minist. de la Mar. et des Col.*

peine capitale ; le commandant Favin-Lévêque demanda leur élargissement immédiat ; et comme le
mandarin des étrangers protestait des bons sentiments
de Thieutri envers le gouvernement français : « Cela
n'est pas vrai, s'écria-t-il, car, dans ce moment même,
cinq Français sont enchaînés dans les prisons de Hué ;
ils ont déjà subi la torture et ils sont condamnés à
mort ; eh bien ! je réclame ces Français comme sujets
du roi de France ; je veux qu'ils me soient livrés, et
malheur à vous si ma demande n'est pas écoutée. » Le
commandant Favin-Lévêque écrivit au beau-père de
Thieutri, le grand mandarin Ong-Quê, premier ministre à Hué :

« Seigneur, cinq infortunés, cinq Français, placés
sous le poids d'une condamnation à mort, gémissent
depuis près de deux ans dans les cachots de Hué-Foo
et y supportent les tourments les plus affreux. La
France a entendu leurs cris de détresse, et je viens
en son nom, au nom de S. M. le Roi des Français,
réclamer leur mise en liberté pour les ramener dans
leur patrie. Déjà, et grâces en soient rendues à Dieu
qui dirige la pensée des Rois comme celle des plus
humbles mortels, déjà S. M. le Roi de la Cochinchine
a, dans sa justice et sa clémence, suspendu le glaive
du bourreau prêt à frapper la tête de ces malheureux ;
que S. M. veuille bien donner un cours libre et entier
à ses sentiments généreux ; en agissant ainsi, elle
évitera non seulement les chances désastreuses d'une
rupture possible avec la France, mais elle attirera sur
son règne et son auguste personne les actions de
grâces et les bénédictions de tous les Français. Vous,
Seigneur, qui êtes placé près du trône et avez l'honneur

d'approcher la personne de S. M., veuillez plaider auprès d'elle la cause de ces infortunés ; vous contribuerez ainsi à les rendre à leur patrie, et vous rendrez à la vôtre un service signalé (1). » MM. Berneux, Gally, Charrier, Miche et Dubois furent mis en liberté et conduits à Tourane, par les soins du ministre de la marine annamite, qui écrivait insolemment dans son rapport : « Ce commandant demande respectueusement la mise en liberté de cinq individus français...... Le préfet de la province, après avoir mûrement examiné et reconnu que les paroles du commandant étaient véritablement humbles et respectueuses, a jugé convenable de faire un rapport au roi qui, dans sa miséricorde, a rendu une ordonnance, expédiée au tribunal des supplices, pour lui enjoindre de mettre en liberté... (2). » Les têtes de nos compatriotes étaient sauvées.

Le gouverneur de Bourbon, le contre-amiral Bazoche, dans le rapport qu'il adressait, de Saint-Denis, au ministre de la marine, le 30 juillet 1843, sur la mission de l'*Héroïne* dans les mers de Chine, écrivait, en parlant du commandant Favin-Lévêque : « Je dois, dès à présent, appeler la bienveillante attention de Votre Excellence sur la conduite sage, mesurée et généreuse que cet officier supérieur a tenue dans cette circonstance délicate et imprévue. C'est à son instance et à sa fermeté pleine de convenance que ces cinq infortunés ecclésiastiques doivent leur délivrance inespérée et le secours providentiel qui les a arrachés

______

(1) *Annales maritimes et coloniales.*
(2) *Ann. Mar. et Col.*

à une mort affreuse. Votre Excellence jugera sans doute convenable d'adresser à M. le commandant Favin-Lévêque un témoignage de sa satisfaction et de celle du gouvernement (1). »

En 1845, les persécutions recommencèrent ; M⁰ʳ Lefebvre fut emprisonné : « Un commodore américain demanda sa mise en liberté; on la lui refusa, sous prétexte qu'il n'appartenait pas à la même nation. Cette réponse n'était pas de nature à satisfaire l'Américain. Il arma ses canots, se rendit maître d'un certain nombre de jonques annamites et chinoises, et fit beaucoup de prisonniers. Mais, comme au bout de quelques jours, personne ne venait redemander les captifs, il se vit obligé de les débarquer et de repartir sans avoir rien obtenu. C'était à ce moment qu'arrivait le contre-amiral Cécille dont l'intervention sauva M⁰ʳ Lefebre de la mort (2). »

Le contre-amiral Cécille, qui commandait la division navale des mers de Chine et du Japon, chargea la corvette l'*Alcmène* (commandant Fornier-Duplan), d'obtenir la mise en liberté de M⁰ʳ Lefebvre ; la corvette mouilla le 31 mai dans la baie de Tourane ; la lettre de l'amiral Cécille fut immédiatement expédiée à Hué ; l'état-major put descendre à terre et même chasser dans les environs. Le 6 juin, le commandant Fornier-Duplan était averti que M⁰ʳ Lefebvre serait mis en liberté et amené à Tourane; par ordre du roi de la Cochinchine, de nombreux présents en nature furent même envoyés à l'équipage de l'*Alcmène*. Le

(1) *Arch. du Minist. de la Mar. et des Col.*
(2) Abbé Launay, *déjà cité.*

12 juin, M<sup>gr</sup> Lefebvre était sain et sauf à bord de la corvette qui mettait immédiatement à la voile pour Manille, où elle rejoignait l'ambassade de Lagrené, qui revenait de Chine (1).

Les persécutions ayant recommencé après le départ de l'*Alcmène*, l'amiral Cécille adressa au gouvernement annamite une protestation qui resta sans réponse. Le capitaine de vaisseau Lapierre, qui le remplaça (janvier 1847), envoya de Macao à Tourane la *Victorieuse* (commandant Rigault de Genouilly), et vint lui-même, deux mois après, mouiller dans la baie, où se trouvaient cinq corvettes annamites à batterie couverte. Une première conférence eut lieu le 31 mars, entre le commandant Rigault de Genouilly, assisté de M<sup>gr</sup> de Samos, et le préfet annamite ; les persécutions, et surtout le supplice tout récent du P. Marchand, furent le sujet de cette conférence ; le commandant français demandait à Thieutri d'accorder un édit pareil à celui que l'empereur de Chine avait fait publier deux ans auparavant, édit concernant la liberté du culte catholique. Le 14 avril, non seulement il n'y avait pas de réponse, mais les Annamites renforçaient encore leur garnison et huit jonques de guerre venaient mouiller en arrière des cinq corvettes. Un mandarin vint alors prier le commandant Lapierre de descendre à terre. C'était un guet-apens; Thieutri voulait en finir par un coup d'audace en faisant égorger les officiers français au milieu d'un festin! Le commandant Lapierre prit immédiatement l'initiative de l'attaque et ouvrit le feu sur les cinq corvettes anna-

_(1) *Voyage en Chine et en Cochinchine*, Haussmann, 1848._

mites qui ripostèrent vivement ainsi que le fort de l'entrée de la rade ; au bout de quelques heures, les bâtiments de la flotte annamite étaient coulés, brûlés ou sautés.

En apprenant la destruction de sa flotte, Thieutri devint littéralement fou de rage ; il publia un nouvel édit condamnant à mort tous les Européens : « On revêtit aussi des mannequins de l'uniforme français et le roi les fit fusiller sans pitié (1). » Il mourut le 4 novembre de la même année ; n'étant encore que prince royal, il avait épousé une jeune fille de Gocong, en Basse-Cochinchine ; de cette union naquit Hoang-Nham, qui lui succéda sous le nom de Tuduc. Tuduc continua les persécutions contre les chrétiens : deux missionnaires furent décapités (1851-1852). Le gouvernement de Napoléon III s'émut et envoya, en septembre 1856, dans les eaux de l'Annam, le *Catinat*, commandé par M. Lelieur de Ville-sur-Arce ; cet officier était porteur d'une lettre mentionnant les réclamations du gouvernement français ; non seulement les mandarins de Tourane refusèrent de communiquer, mais ils menacèrent encore d'ouvrir le feu sur le *Catinat*. Le commandant mit à terre la compagnie de débarquement, enleva les forts de Tourane, dont il noya les poudres et encloua les pièces.

Un mois après arrivait M. de Montigny qui ne put également rien obtenir : « Toutes ces démonstrations faites sans unité et sans ensemble, loin d'inquiéter les Annamites, excitaient plutôt leur arrogance et leur dédain vis-à-vis des barbares d'Occident. Au départ de

(1) Abbé Launay, *déjà cité*.

M. de Montigny, ils affichèrent de larges inscriptions portant ces mots : « *les Français aboient comme des chiens et fuient comme des chèvres* (1). » Les persécutions redoublèrent ; NN. SS. Diaz et Sampedro furent décapités (1857-1858) ; Isabelle II et Napoléon III résolurent, d'un commun accord, de châtier S. M. Tuduc.

(1) Abbé Launay, *déjà cité*.

# CHAPITRE VI

## L'EXPÉDITION DE COCHINCHINE

Les forces franco-espagnoles devant Tourane (31 août 1858.) —
Prise de Saigon (18 février 1859.) — Evacuation de Tourane
(23 mars 1860.) — Le capitaine de vaisseau d'Ariès bloqué
dans Saigon. — Concentration du corps expéditionnaire à
Woosung. — L'amiral Charner en Cochinchine (7 février
1861.) — Bataille de Kihoa (24 et 25 février 1861). — Reddition de Tayninh. — Lettre de l'amiral Charner au roi du
Cambodge. — Prise de Mythô (13 avril 1861.) — Le camp de
Mihoa. — Prise de Bienhoa (décembre 1861.) — Prise de
Baria. — Organisation de la conquête. — Prise de Vinhlong
(23 mars 1862.) — Tracé du plan de Saigon (13 mai 1862.) —
Traité du 5 juin 1862. — Le Siam et le Cambodge. — Expédition de Gocong (mai 1863 ) — Ratification par Tuduc du
traité du 5 juin 1862.

Le seul motif qui nous amenait à déclarer la guerre
à l'Annam était donc, dans le moment, la répression
de l'insulte faite à notre pavillon dans la baie de
Tourane et la nécessité de secourir nos missionnaires
et leurs nombreuses chrétientés, contre lesquels
Tuduc avait lancé un édit de persécution. En 1857,
en effet, le Gouvernement avait chargé une Commission chargée d'examiner le traité du 17 novembre
1787 conclu entre le comte de Montmorin et l'évêque
d'Adran. Cette commission était composée du baron
Brénier, ministre plénipotentiaire, président; de

M. Cintrat, directeur au département des affaires étrangères ; du contre-amiral Fourichon ; de M. Fleury, directeur au ministère du commerce ; du capitaine de vaisseau Jaurès et de M. de Mofras, secrétaire. Cette commission, « après une longue et patiente investigation, s'était vue forcée de reconnaître que la France, détournée par les événements de la Révolution de 1789, n'avait pas exécuté les principales dispositions de ce traité, et, qu'en conséquence, l'on devait le considérer comme nul et non avenu (1). » D'autres documents laisseraient supposer, au contraire, que l'expédition de Cochinchine était projetée depuis longtemps ; l'insolence de Tuduc n'aurait été pour nous qu'une occasion pour entreprendre la conquête, car « prendre une position dans l'Extrême-Orient, c'était renouer la chaîne de nos traditions, rester fidèles à une politique nationale, que s'étaient transmise, à travers les révolutions, les différents gouvernements qui se sont succédé en France (2). »

Le Gouvernement venait alors de terminer la première expédition de Chine ; les traités de Tientsin étaient signés. Le 31 août 1858, les forces franco-espagnoles parurent dans la baie de Tourane sous le commandement du vice-amiral Rigault de Genouilly ; l'escadre comptait quatorze bâtiments dont la frégate amirale la *Némésis*, les corvettes à vapeur le *Phlégéthon* et le *Primauguet*, l'aviso à vapeur espagnol *El Cano*, les canonnières l'*Avalanche*, la *Dragonne*, la

_________________

(1) *L'expédition de Cochinchine et la politique française dans l'Extrême-Orient*, Henri Galos, ancien député, 1864.
(2) Henri Galos, *déjà cité*.

*Fusée*, l'*Alarme* et la *Mitraille*, les transports la *Durance*, la *Gironde*, la *Saône*, la *Meurthe* et la *Dordogne*. Le corps de débarquement comprenait, outre les compagnies de marins, deux bataillons d'infanterie et une batterie d'artillerie de marine; le gouverneur-général des Philippines avait envoyé un corps de Tagals sous le commandement du colonel Lanzarote. Le capitaine général Fernando de Norzagaray avait adressé aux troupes expéditionnaires espagnoles, avant leur départ de Manille, l'ordre général suivant : « Soldats, une partie de l'armée des Philippines et de sa marine, conjointement avec la brillante marine et la brave armée françaises, va prendre part à l'expédition destinée à venger les insultes faites à notre sainte religion et à nos pieux missionnaires dans l'empire d'Annam, où vont bientôt flotter réunis les aigles françaises et les drapeaux de Castille. La cause est sainte et la main de Dieu guidera vos pas. Elle est dictée par l'honneur et la civilisation, et un peuple entier vous devra la tranquillité de sa conscience... Quelle que soit la situation dans laquelle vous conduisent les événements, faites exactement votre devoir, et dans les moments où seront mis à l'épreuve votre valeur et vos efforts, que les alliés auprès de qui vous combattrez en frères, reconnaissent en vous les enfants de la patrie du Cid et de Fernand Cortès. Soldats, *vive la Reine!* (1) »

Quelques temps après, en Espagne, dans la séance solennelle de l'ouverture des Cortès du Royaume, le 1er décembre 1858, S. M. Isabelle déclarait : « Les

_______

(1) *La Espana* (Extrait du *Moniteur universel* du 11 novembre 1858.)

attentats, dont nos missionnaires en Asie ont été victimes, m'ont forcée à envoyer, conjointement avec l'Empereur des Français, une expédition militaire en Cochinchine. Les troupes de mer et de terre répondront, si l'occasion se présente, à leur tradition et à la mémoire des exploits pour lesquels le soldat espagnol se distingua toujours pour la défense des intérêts et de l'honneur de sa patrie et de ses monarques (1). » L'Espagne nous prêta, en effet le concours le plus loyal et le plus désintéressé, car, comme le déclara le président du conseil, le général O'Donnel, le 29 décembre 1858, il n'y avait pas eu d'alliance offensive ou défensive entre les deux Etats (2).

Les Espagnols, réunis aux Français, vengeaient en commun leurs malheureux nationaux mis à mort par le cruel Tuduc ; le ministre des affaires étrangères de l'Espagne le déclara dans la séance de la Chambre des députés du 11 mars 1859, à un des membres de l'opposition : « Une nation voisine et amie, à laquelle nous unissent de grandes et étroites relations, se trouvant comme nous et pour les mêmes raisons que nous, dans la nécessité d'envoyer des forces en Cochinchine, rien de plus naturel que nos soldats se joignissent à ceux de cette nation amie pour atteindre un but d'intérêt commun. Il n'y a pas eu de traité, un traité n'était pas nécessaire; il n'y en a pas eu et il n'y en pas encore..... On a donné à entendre que les soldats espagnols y étaient dans une position subordonnée, secondaire, inférieure. Cette assertion est inexacte.

(1) *Moniteur universel* du 6 déc. 1858.
(2) *Gazette de Madrid* du 30 décemb. 1858.

Les troupes espagnoles et françaises sont là côte à côte, et le gouvernement de l'empereur des Français, pas plus que celui de la Reine d'Espagne, n'a songé un seul instant à rabaisser le moins du monde le drapeau espagnol (1). »

Le 1ᵉʳ septembre, après avoir envoyé au mandarin de Tourane un *ultimatum* resté sans réponse, l'amiral Rigault de Genouilly attaqua les ouvrages qui battent le mouillage et les deux forts de l'entrée de la rivière : à l'expiration du délai donné aux Annamites pour rendre les forts, le pavillon national fut hissé au grand-mât de la *Némésis*, et le pavillon espagnol arboré au mât de misaine ; tous les bâtiments ouvrirent simultanément le feu. Une demi-heure après, les forts, qui défendent le mouillage, étaient réduits au silence, et les compagnies de débarquement de la *Némésis*, du *Phlégéthon*, du *Primauguet*, aidées d'une demi-compagnie du génie, commandées par le capitaine de vaisseau Reynaud, les enlevèrent quelques instants après. Pendant ce temps, la *Mitraille*, la *Fusée*, l'*Alarme* et l'*El Cano* canonnaient les forts de l'entrée de la rivière. « L'un de ces forts, celui de l'Est, sautait une demi-heure après le commencement de l'attaque, sous les coups des canons rayés, avec un terrible fracas ; la courtine contiguë au magasin à poudre, enlevée tout entière, était projetée dans le fossé. » L'amiral fit alors descendre à terre, sur la presqu'île de Tien-Cha, toutes les troupes françaises et le bataillon de *cazadorès* (chasseurs espagnols), sous le commandement du lieutenant-colonel d'infanterie de marine Rey-

_________

(1) *Moniteur universel* du 17 mars 1859.

baud (1). Le lendemain, 2 septembre, le fort de l'Ouest sautait également; la *Dragonne* et l'*El Cano*, doublant la presqu'ile de Tien-Cha, venaient mouiller entre la presqu'ile et Cham-Callao, couvrant ainsi la gauche des troupes débarquées. Les embarcations armées en guerre, sous le commandement du capitaine de frégate Jauréguiberry (2), surveillaient l'embouchure de la rivière de Tourane. L'amiral attendit ainsi l'attaque de l'armée annamite que les missionnaires évaluaient à 10,000 hommes (3). Cette armée ne se présentant pas, une reconnaissance remonta, le 11 octobre, la rivière de Tourane; elle se composait de l'escadrille française et de deux embarcations de l'*El Cano*, portant quarante chasseurs espagnols sous le commandement du capitaine Pablo Lloro; cette reconnaissance fut habilement conduite par cet officier qui détruisit plusieurs batteries et estacades élevées par les Annamites sur le cours de la rivière.

Les Annamites avaient prévu notre attaque sur Tourane et s'attendaient même à une diversion opérée en notre faveur par le Cambodge; un mémoire adressé à Tuduc, en mai 1857, par un *tong-doc* (gouverneur de province) dénote, chez son auteur, un esprit militaire assez développé pour pressentir d'un côté notre attaque sur Tourane et fournir un plan de défense en conséquence, d'un autre côté pour signaler à son

---

(1) Aujourd'hui général de brigade en retraite, père du jeune colonel enlevé prématurément (1883) à l'affection des siens et des officiers d'infanterie de marine.

(2) Aujourd'hui vice-amiral, sénateur.

(3) *Analyse du rapport*, en date du 17 septembre 1858, adressé par le vice-amiral Rigault de Genouilly au ministre de la marine.

souverain les dangers que pouvaient courir les frontières de la Basse-Cochinchine du côté du Cambodge :
« Pour nous prémunir contre les invasions des Cambodgiens, il faut garder avec soin nos frontières en
les garnissant de forts qui en défendent l'entrée. Les
Cambodgiens nous sont tributaires, mais ce sont des
barbares inconstants et légers dans lesquels on ne
peut pas se fier, surtout maintenant qu'ils bâtissent
des églises et reçoivent la doctrine des barbares
européens qui les exercent dans la manière de faire la
guerre ; nous prémunir contre eux et les Européens
est donc une chose prudente et nécessaire, car il est
à craindre que ces deux espèces de barbares ne se
réunissent ensemble pour venir nous susciter de
mauvaises affaires. Il est vrai, nos frontières vers
l'Ouest sont actuellement en paix, mais il est bon de
se précautionner pour éviter les malheurs possibles. »
Suivaient des recommandations sur le choix des positions à fortifier, sur la réunion d'approvisionnements en
vivres, en armes et en munitions, sur l'augmentation
de la durée de service pour les soldats. Le *tong-doc*
continuait : « Pour arrêter les entreprises des barbares
d'Europe, il faut multiplier les périls près de nos côtes
pour leur ôter la possibilité de s'en approcher... Il ne
convient pas de les laisser s'établir dans notre pays...
Le danger est dans la baie de Tourane qui, par son
étendue, permet aux navires d'y voguer facilement et
qui, par les montagnes dont elle est entourée, leur
offre un ancrage propice à l'abri des vents et des flots.
Aussi les barbares d'Europe osent souvent y pénétrer
et y rester longtemps à l'ancre, sans tenir aucun
compte des défenses de Sa Majesté. De plus, cette

baie est près de la route royale, près des habitations
du peuple ; elle est aux portes de la capitale : *elle est
donc la clef du royaume...* Aussi les barbares d'Europe désirent beaucoup en  avoir la possession. » Le
*tong-doc* terminait son mémoire par un projet de
mise en état de défense de la baie de Tourane (1).

Après l'occupation de la presqu'île Tien-Cha, l'amiral comptait remonter au nord, forcer avec ses canonnières l'entrée de la rivière de Hué et contraindre
ainsi Tuduc à dous donner satisfaction ; mais la
mousson du nord-est et la barre, qui existe à l'entrée
de la rivière, rendaient cette opération trop délicate.
Quant à une marche par terre, il n'y fallait pas songer :
le faible effectif du corps expéditionnaire ne permettait pas l'occupation de Tourane comme base d'opérations et une attaque contre le sud de Hué, après
une marche à travers un pays difficile et presque
inconnu. Six ans plus tard, en avril 1864, l'amiral
Bonard et son escorte mirent quatre jours pour faire
la route de Tourane à Hué ; encore ce voyage s'exécu-
tait-il avec toutes les facilités voulues, en exécution
des ordres spéciaux de Tuduc. M. Dutreuil de Rhins,
commandant le *Scorpion* (un des vapeurs cédés à l'Annam par le traité du 15 mars 1874), a déclaré une distance
de 100 kilomètres environ entre Tourane et Hué ; la
route qu'il a parcourue, et qui n'est autre que la route
royale des *trams* (courriers), court tantôt à travers les
montagnes, tantôt à travers les rizières, hors de portée des canons d'une escadre qui suivrait parallèlement
la côte. L'abbé Bouillevaux a donc eu grand tort d'écrire

(1) *Moniteur universel* du 8 novembre 1858,

à ce sujet : « Le commandant français ne crut pas pouvoir alors marcher sur Hué ; c'eût été cependant le meilleur moyen de terminer promptement cette campagne. A la guerre, il faut de la prudence, mais aussi et surtout de l'audace, quand on a affaire aux Asiatiques (1). » Le Père semble vouloir donner à l'amiral et à ses officiers une leçon d'art militaire.

L'amiral Rigault de Genouilly tourna donc ses efforts d'un autre côté ; changeant le théâtre de ses opérations, il résolut de remonter le delta du Donnaï et de s'emparer de Saigon, la capitale du pays de Giadinh. « La salubrité relative du climat de ces provinces, la fertilité de leur sol, qui nourrit le reste de la Cochinchine et permet encore d'exporter vers la Chine le surplus de la récolte ; la population chrétienne répandue dans les environs de Saigon et qui pouvait fournir d'utiles auxiliaires ; les nombreux cours d'eau qui sillonnent le pays dans tous les sens et facilitent également les opérations militaires et la circulation commerciale ; le voisinage du fleuve du Cambodge, qui est la grande artère de cette circulation, et par lequel les relations de la Basse-Cochinchine peuvent remonter jusqu'au royaume de Siam ; l'heureuse position de Saigon, au centre de ce réseau de rivières, à vingt-cinq lieues dans l'intérieur du Donnaï, communiquant avec la mer par un fleuve profond, accessible en tout temps aux plus grands navires ; enfin l'opportunité résultant de ce que la mousson de N.-E., contraire pour aller à Hué, était favorable pour se rendre à Saigon ; tout se réunit pour décider l'amiral

_______

(1) *Annam et Cambodge.*

Rigault de Genouilly à diriger ses entreprises vers cette partie de l'empire d'Annam (1). »

Laissant donc à Tourane les effectifs strictement nécessaires, il quitta la baie le 2 février, et, le 9, sa division mouillait à l'embouchure du Donnaï. Le corps de débarquement comprenait, outre les marins, trois compagnies d'infanterie de marine (lieutenant-colonel Reybaud), deux compagnies espagnoles (commandant Palanca), un détachement d'artillerie de marine (capitaine Lacour) (2) et quelques sapeurs du génie (capitaine Gallimard) (3). Le même jour, l'escadre éteignit le feu des batteries du cap Saint-Jacques et, en remontant la rivière, réduisait successivement au silence les forts ou batteries élevés sur les rives. « C'est ainsi que, d'attaque en attaque et de succès en succès, elle arriva le 15, dans la soirée, devant les deux forts construits par des ingénieurs français, qui défendent la ville de Saigon au Sud comme la citadelle la défend au Nord... A peine la canonnière d'avant-garde l'*Alarme* avait-elle jeté l'ancre au coude que fait le fleuve au-dessous de ces ouvrages, que tous deux ouvrirent leur feu. L'un d'eux était masqué par un pli de terrain ; l'autre, qui montrait une de ses faces, fut immédiatement attaqué et réduit au silence. Pendant la nuit l'amiral se disposa à l'attaque du second. Au jour, il fit prendre aux bâtiments leurs positions de combat à 800 mètres du fort, sur une ligne de front, et si près les uns des autres, à cause de l'étroitesse du chenal, que de la

---

(1) *La Cochinchine française.* (Revue mar. et col. de 1862).
(2) Aujourd'hui général de brigade en retraite. .
(3) Aujourd'hui général de division.

passerelle du *Phlégéthon*, il pouvait à la voix donner
ses ordres aux autres bâtiments... A huit heures, les
deux ouvrages étaient au pouvoir des alliés. Le fort
de la rive droite fut démantelé, et celui de la rive
gauche occupé pour servir d'appui aux bâtiments de
transport et du convoi. Le commandant Jauréguiberry,
le commandant du génie Dupré-Deroulède et le capitaine d'artillerie Lacour furent aussitôt envoyés sur
l'*Avalanche* pour reconnaître le plan de la citadelle
de Saigon. Cette citadelle, à fronts bastionnés, est
située à 800 mètres du fort occupé par nos troupes ;
ses faces, présentant chacune un développement de
475 mètres, sont masquées sur presque toute leur
étendue par des bois, des jardins et des maisons. On
ne découvre de la rivière qu'une porte située à l'extrémité d'une avenue, un mât de pavillon et la toiture de
quelques grands magasins... Le 17, au point du jour,
tous les bâtiments prenaient poste... Le feu, très lent
d'abord, augmente peu à peu d'intensité, toujours avec
une telle précision que bientôt le tir de l'ennemi, dont
les boulets traversaient les mâtures, se ralentit sensi-
blement. Le moment était venu de tenter l'assaut ;
les troupes jetées à terre furent formées en colonne...
Les troupes massées, le bastion du S.-E. tirant encore, le commandant des Pallières (1) reçut l'ordre de
se jeter dans les fourrés qui se trouvaient sur la
gauche avec deux compagnies d'infanterie de marine
et les compagnies de débarquement du *Phlégéthon*,
du *Primauguet* et de l'*El Cano*, et d'ouvrir, à l'abri
des bois, un feu nourri sur les canonniers restés à leurs

_______________
(1) Mort général de division.

pièces. Le capitaine Gallimard et ses sapeurs furent adjoints à cette colonne pour faire sauter quelque porte du fort, ou faciliter l'escalade. Une compagnie de chasseurs espagnols, sous les ordres du commandant Palanca, fut chargée d'appuyer au besoin le mouvement de cette colonne. Un bataillon resta en réserve à la plage sous le commandement du lieutenant-colonel Reybaud. Enfin le corps espagnol, commandé par le colonel Lanzarote, et le demi-bataillon de gauche des marins se tinrent prêts à se porter au pas de course avec les obusiers sous les murs de la place. Le feu des tirailleurs eut un plein succès ; l'ennemi, frappé dans tous les sens, abandonna ses pièces, et nos troupes, le sergent Henri des Pallières en tête, s'élancèrent à l'assaut sur les échelles d'escalade (1). » A 10 heures le combat cessa ; les compagnies de débarquement rejoignirent leurs bords et les troupes franco-espagnoles occupèrent la citadelle, dans laquelle on trouva 200 bouches à feu en fer et en bronze, 2,000 armes de main, plus de 85,000 kilogrammes de poudre, d'immenses approvisionnements de riz et une caisse de 130,000 francs environ ; une corvette et sept jonques de guerre se trouvaient de plus sur les chantiers.

L'effectif du corps expéditionnaire ne permettait pas à l'amiral Rigault de Genouilly d'occuper simultanément Tourane et Saigon ; laissant donc sur ce dernier point quelques bâtiments sous les ordres du capitaine de vaisseau Jauréguiberry, il fit démanteler la citadelle, conservant seulement le fort du Sud, et re-

_____________

(1) *Moniteur Universel* du 14 avril 1859.

tourna à Tourane que les Annamites bloquaient étroitement. Le 15 septembre, dans une vigoureuse sortie, les retranchements ennemis étaient enlevés et le blocus levé. Sur ces entrefaites, obligé de rentrer en France pour raisons de santé, l'amiral Rigault de Genouilly remit le commandement au contre-amiral Page, le 1er novembre 1859.

L'amiral Page arrivait de France avec de nouvelles instructions du gouvernement ; il devait signer avec la cour de Hué un traité n'exigeant ni contribution de guerre, ni cession de territoire, mais l'autorisation pour nos missionnaires de prêcher la religion catholique, l'installation de trois consuls en Annam et d'un chargé d'affaires à Hué. « Une négociation s'entama sur ces bases ; mais le plénipotentiaire de Tuduc ne s'étudia qu'à soulever toutes sortes de difficultés pour ne pas signer un traité qui devait le compromettre aux yeux de son gouvernement, tant il le savait convaincu que nous serions trop heureux de reprendre la mer sans coup férir (1). »

Le nouveau commandant en chef débuta par un coup de vigueur en détruisant les forts de Kienchang (18 novembre) au nord de la baie de Tourane ; malheureusement, pendant l'action, un boulet emporta, sur la dunette de la *Némésis*, le lieutenant-colonel du génie Dupré-Deroulède. C'est à ce moment que le gouvernement prescrivit à l'amiral Page d'abandonner Tourane et de concentrer ses efforts sur la Basse-Cochinchine ; Tourane fut donc évacué le 23 mars 1860. « La plage sur laquelle reposent tant de héros obscurs

(1) Henri Galos, *déjà cité.*

est déserte aujourd'hui... La rade qui fut témoin de nos luttes sanglantes, a été rendue au silence et à l'oubli. On ne peut s'empêcher de déplorer l'indécision qui semble avoir caractérisé la direction de cette première expédition de Cochinchine. Plus tard, le gouvernement impérial fut bien inspiré en conservant notre conquête malgré les déclamations d'une opposition parlementaire peu éclairée ; mais combien on aurait économisé de temps, d'argent et de sang, si, en possédant Tourane en même temps que Saigon, on avait menacé Hué au retour de la campagne de Chine (1). »

Sur ces entrefaites, le gouvernement français fut obligé, de concert avec le gouvernement anglais, de concentrer de nouvelles forces sur les côtes de Chine, pour tirer une éclatante vengeance de l'insigne mauvaise foi dont avaient fait preuve les Célestes. L'amiral Page rallia donc, avec sa division navale, le vice-amiral Charner, nommé, depuis le 2 janvier 1860, commandant en chef des forces navales dans les mers de Chine. Il ne laissa à Saigon que 800 hommes environ commandés par le capitaine de vaisseau d'Ariès, qui avait comme second le colonel et plénipotentiaire Palanca, commandant le contingent des Philippines. Nous occupions solidement Saigon et Cholon ; ces deux points étaient reliés par une ligne de quatre pagodes fortifiées : Caymaï, Les Mares, Les Clochetons et Barbet. L'armée annamite, commandée par le général Nguyen-tri-phuong, comptait 12,000 hommes ; elle avait élevé, à 1,500 mètres en moyenne de notre ligne des Pagodes, une série de retranchements fer-

_____________

(1) Commandant Vial, *déjà cité.*

més, ne mesurant pas moins de 16 kilomètres de développement.

Nguyen-tri-phuong, voulant nous couper du grand marché de Cholon, poussa ses retranchements sur la pagode des Clochetons ; dans la nuit du 3 au 4 juillet 1860, trois mille Annamites donnèrent l'assaut aux Clochetons ; le commandant de la pagode, le capitaine espagnol Hernandez, secondé par les enseignes de vaisseau Narac et Gervais (1), repoussa les assauts répétés des Annamites, qui s'enfuirent au lever du jour, en voyant déboucher de Saigon les renforts amenés en toute hâte par le commandant d'Ariès et le colonel Palanca. Le petit corps franco-espagnol, abandonné à lui-même, résista ainsi victorieusement pendant six mois à toute l'armée annamite.

Le 25 octobre 1860, grâce aux bons offices de la Russie représentée par le général Ignatieff, le baron Gros, lord Elgin et le prince Kong signaient le traité de paix définitif et la petite armée de Chine devenait disponible. Le Gouvernement impérial put donc s'occuper sérieusement de l'expédition de Cochinchine, et désigna l'amiral Charner comme commandant en chef ; le contre-amiral Laffon de Ladébat remplit les fonctions de chef d'état-major général et le chef d'escadron d'état-major de Cools (2) celles de chef d'état-major des troupes. L'amiral Charner disposait d'une flotte considérable ne comptant pas moins de soixante-dix bâtiments portant une artillerie de 474 bouches à feu. « Malheureusement une partie des bâtiments de

(1) Aujourd'hui contre-amiral.
(2) Aujourd'hui général de division.

guerre atteignaient leur quatrième année de campagne ; quelques-uns étaient dans la cinquième. Mais les équipages étaient bons, les officiers excellents ; tous rompus par quatre ans de guerre, usés si l'on veut, mais non à bout ; animés d'un souffle héroïque (1). » Depuis les grandes guerres maritimes de la République et du premier Empire, pareille flotte de combat n'avait été réunie. Les pouvoirs diplomatiques de l'amiral étaient considérables ; Napoléon III lui avait donné carte blanche pour remplir sa mission : contraindre l'empereur Tuduc à subir les volontés de la France.

Le corps expéditionnaire fut concentré à Woosung ; il comprenait une brigade d'infanterie, commandée par le général de Vassoigne, de l'infanterie de marine (2). Son état-major se composait du chef de bataillon de Trentinian (3) et du capitaine Gillot. Cette brigade comprenait : 17 compagnies d'infanterie de marine ; une compagnie indigène ; le 2e bataillon de chasseurs à pied et un bataillon du 101e de ligne. Un corps de marins débarqués, fort de 12 compagnies, était adjoint à la brigade d'infanterie. L'artillerie montée, sous les ordres du lieutenant-colonel Crouzat, comptait une batterie et demie. La flotte fournit le complément des pièces de débarquement, de siège et de place. Le commandant Allizé de Matignicourt était à la tête du génie. Quelques chasseurs d'Afrique complétaient le corps expéditionnaire. La direction

(1) *Expédition de Cochinchine*, Pallu, lieutenant de vaisseau, 1864.
(2) Aujourd'hui général de division.
(3) Mort général de brigade.

des services administratifs fut confiée au commissaire général de la marine Faron, auquel fut adjoint un fonctionnaire de l'intendance et un certain nombre d'officiers d'administration ; le service de la trésorerie et des postes ne devait être organisé qu'à Saigon.

Hong-Kong fut, au début, la base du moment du corps expéditionnaire ; là furent emmagasinés les vivres et le charbon ; les transports de l'Etat, des voiliers et steamers du commerce relièrent Hong-Kong à Saigon. Le service des transports et convois par terre fut assuré par le capitaine de vaisseau Coupvent-Desbois (1), commandant supérieur de Canton, qui recruta et organisa 600 coolies. Enfin une division navale, sous les ordres du contre-amiral Page, devait seconder les efforts des troupes en maîtrisant les fleuves et les *arroyos ;* le régime fluvial de la Cochinchine nous permit de tourner continuellement les positions des Annamites et de menacer sans cesse avec notre flottille leurs lignes de communications. La division navale de l'amiral Page devait, sur une moins grande échelle, rendre au corps expéditionnaire de Cochinchine les mêmes services signalés que la marine fédérale rendit aux généraux nordistes dans la guerre de la Secession.

Le personnel et le matériel furent embarqués du 15 au 21 janvier 1861.

*L'Impératrice-Eugénie,* portant le pavillon de l'amiral commandant en chef, quittait Woosung, le 24 janvier 1861 et, le 7 février, jetait l'ancre devant Saigon, où toutes les troupes étaient déjà concentrées.

(1) Vice-amiral en retraite.

Pendant les premiers jours de février, l'amiral Charner parcourut notre ligne de défense, qui s'étendait de la pagode de Caymaï à l'arroyo de l'*Avalanche*, et en reconnut les débouchés vers les lignes de Kihoa à travers la plaine des Tombeaux. A la suite de cette reconnaissance, l'amiral décida que : 1° la ligne des Pagodes canonnerait les retranchements annamites de façon à maintenir l'ennemi de front ; 2° la flottille de l'amiral Page remonterait la rivière de Saigon (1) pour couper la retraite de l'ennemi sur Bienhoa, vers le N.-E. ; 3° les troupes d'opérations, appuyées par le fortin de Caymaï, marcheraient sur la droite des Annamites pour les séparer de Tongkéou, leur centre de ravitaillement, et chercheraient à joindre l'amiral Page sur la rivière de Saigon. Par ce double mouvement tournant, l'amiral voulait contraindre Nguyen-tri-phuong à accepter la lutte ; il espérait anéantir les troupes de Tuduc dans une seule rencontre.

Le 16 février, l'amiral Charner descendit à terre, laissant au capitaine de vaisseau de Surville (2) le commandement de la flotte mouillée entre l'arroyo de l'*Avalanche* et l'arroyo chinois ; il prit ses dernières

---

(1) Dans presque toutes les relations officielles de l'expédition de Cochinchine, le nom de Donnaï est fréquemment appliqué à la rivière de Saigon : c'était une erreur géographique d'autant moins compréhensible que, même avant notre arrivée en Basse-Cochinchine, on appelait pays de Giadinh le territoire situé sur les rives de la rivière de Saigon et pays de Donnaï le territoire actuel de Bienhoa. Aujourd'hui, la confusion est impossible: la rivière de Saigon prend sa source chez les Stiengs, bien au nord de Tayninh, et est un affluent de droite du Donnaï qui vient du pays des Moïs Late, situés sur les confins du Phuyen et du Kahn-Hoa par 12° 30' lat. N. environ. *(Note de l'Auteur.)*

(2) Mort vice-amiral.

dispositions de combat et ordonna l'attaque pour le 24 février au matin ; les lignes annamites se terminaient à leur extrémité occidentale par le fort dit de la Redoute ; c'est sur cet ouvrage que furent dirigées les premières attaques.

Le 24 février, à cinq heures et demie du matin, la ligne des pagodes ouvre le feu et la petite armée débouche de Caymaï, prenant la Redoute comme objectif. Couverte par une compagnie de chasseurs à pied, l'artillerie montée se met en batterie à 1000 mètres environ du parapet ; l'infanterie s'avance par bataillons en colonne ; deux colonnes d'attaque ont été formées ; celle de gauche, sous les ordres du capitaine de frégate Desvaux, secondé par le capitaine du génie Gallimard, est entièrement composée de marins fusiliers ; celle de droite, commandée par le chef de bataillon Allizé de Matignicourt, comprend une section du génie, l'infanterie de marine, deux compagnies de chasseurs à pied et les chasseurs espagnols. Après quelques coups de canon tirés pour protéger le déploiement, l'artillerie amène ses avant-trains et, au grand trot, va résolument se mettre en batterie à 500 mètres environ de l'ennemi pour préparer l'assaut. A ce moment tombent blessés le général de Vassoigne, le colonel Palanca et l'aspirant Lesèble, de la *Renommée*. Au signal de l'attaque, les deux colonnes s'ébranlent au pas de course ; l'enseigne de vaisseau Berger et le sous-lieutenant du génie Thénard couronnent les premiers le parapet. Les Annamites avaient lâché pied laissant de nombreux cadavres sur le terrain.

Le lendemain, 25 février, dès six heures du matin,

la lutte recommençait; l'engagement fut des plus violents ; mais les Annamites cédèrent encore le terrain, abandonnant une grande quantité de canons, de fusils, d'armes blanches et de munitions de toutes sortes. Nguyen-tri-phuong était blessé. De notre côté nous comptions 300 hommes hors de combat dont le lieutenant-colonel d'infanterie Testard et les officiers de vaisseau de Foucauld, de Rodellec du Porzic, Berger, Noël, Frostin et Lareignère. Pendant ce temps, l'amiral Page remontait la rivière de Saigon avec la *Renommée*, le *Forbin*, le *Monge*, l'*Avalanche*, le *Shamrock*, le *Lily* et diverses autres petites canonnières; tous les forts de la rive furent enlevés.

L'armée de Nguyen-tri-phuong se retira vers le nord par Tongkéou et Hocmôn: « L'Annamite a quelque chose de la nature du reptile ; il peut passer partout sans que vous l'aperceviez ; vous croyez le tenir, mais il se cache, il rampe, il glisse comme un serpent et vous échappe. Il en fut ainsi d'une grande partie de l'armée de Nguyen-tri-phuong (1). »

Le 28 février, les forts de Tongkéou et du Rachtra étaient enlevés, le dernier sans coup férir. Les deux journées de Kihoa nous donnaient la province de Giadinh; une colonne mobile (commandant Comte) pacifiait le pays jusqu'à Trambang et la canonnière la *Dragonne* obtenait la reddition de Tayninh; les soumissions ne tardèrent pas. « Si, à ce moment, nous avions parfaitement connu la riche contrée qui tombait entre nos mains, si nous avions eu des agents expérimentés en assez grand nombre pour organiser

_______

(1) Abbé Bouillevaux, *déjà cité.*

l'administration, nous aurions pu profiter de la stupeur des Annamites et entrer immédiatement en possession définitive des six provinces de la Basse-Cochinchine (1). »

L'amiral Charner s'occupa aussitôt de l'organisation des riches territoires qui tombaient entre nos mains.

Par l'occupation de Tayninh, nous devenions les voisins du Cambodge ; le 24 mars, l'amiral envoya à Campot le *Norzagaray* dont le commandant, le lieutenant de vaisseau Lespès (2), remit au roi des présents et la lettre suivante de l'amiral Charner : « Les derniers événements de la Cochinchine sont parvenus à la connaissance de Votre Majesté. Elle sait que les troupes franco-espagnoles ont chassé les Annamites des lignes de Kihoa, que Saigon est dégagé et que l'armée ennemie vaincue s'est dispersée dans toutes les directions. Les populations des environs, à de grandes distances, sont venues faire leur soumission et accepter la protection qui leur était offerte. L'intention de la France est de conserver sa conquête, de fonder dans la Basse-Cochinchine une colonie et d'y apporter tous les bienfaits de la civilisation européenne. Le Cambodge a toujours eu avec la France des relations d'amitié. J'espère que nos rapports, en devenant plus fréquents, deviendront aussi plus intimes. Comme commandant des forces de terre et de mer en Cochinchine et comme représentant de la France, je viens assurer Votre Majesté de nos meilleures intentions à l'égard du Cambodge et ré-

(1) Commandant Vial, *déjà cité*.
(2) Aujourd'hui contre-amiral.

pondre aux avances de paix et d'amitié que le Roi, votre père, Sire, a souvent faites au représentant du noble Empereur des Français à Saigon. J'ai l'honneur d'informer aussi Votre Majesté que je compte, dans un temps peu éloigné, porter nos forces sur Mythô et m'emparer de cette place, dernière défense des Anna-mites vers le Cambodge (1). »

Le roi répondit par l'envoi d'une ambassade de quatre-vingts personnes qui arriva par terre à Saigon complimenter l'amiral et l'assurer des bons sentiments de leur souverain envers la France. Les termes de la lettre de l'amiral Charner indiquaient nettement l'in-tention du gouvernement français de créer un établis-sement aux bouches de Mékong ; d'ailleurs, dès le commencement des opérations, quand l'amiral sollicita du gouverneur-général des Philippines l'envoi de renforts, notamment en cavalerie tagale, il s'était ex-primé non moins implicitement sur l'intention, de la part de la France, de s'établir dans le pays de Giadinh : « Les Espagnols sont des alliés, non des auxiliaires. Mais il ne peut être question de partager le territoire de Saigon. C'est ailleurs, au Tonkin, que l'Espagne pourra trouver une compensation à ses glorieux sacri-fices. Tel est l'esprit des instructions de l'Empereur Napoléon (2). »

En même temps, l'amiral préparait l'expédition de Mythô ; le capitaine de vaisseau du Quilio, les com-mandants de Cools et de Matignicourt, remontant le Vaïco occidental, reconnaissaient que l'entrée de

_______________

(1) Pallu, *déjà cité.*
(2) Pallu, *déjà cité.*

l'arroyo de la Poste était interdite par des barrages et
des forts et que l'arroyo commercial, qui aurait permis
de tourner Mythô par le N.-O., ne présentait pas
assez de fond pour les bâtiments de la flottille. D'un
autre côté, le lieutenant de vaisseau Lespès, commandant du *Norzagaray*, ainsi que ses camarades Fran-
quet et Rieunier (1), commandants du *Lily* et du
*Samhrock*, secondés par l'ingénieur hydrographe
Manen, exécutaient des sondages à l'entrée du Cua-
Tieu, cherchant à découvrir la passe. Néanmoins, le
26 mars, l'amiral Charner envoya au capitaine de frégate Bourdais l'ordre de forcer l'arroyo de la Poste et
de commencer les opérations contre Mythô ; le commandant Bourdais avait à sa disposition trois canonnières, trois compagnies de débarquement dont celle
du *Monge* et un peloton d'infanterie espagnole.

Les trois premières journées d'avril furent employées à détruire les forts et barrages accumulés par
les Annamites ; l'amiral fut obligé d'envoyer des renforts : deux compagnies d'infanterie de marine, deux
compagnies de chasseurs à pied, 100 marins, un détachement du génie, une section de 4 rayé et une section
d'obusiers de montagne. Le capitaine de vaisseau du
Quilio prit le commandement de l'expédition et le commandant du génie de Matignicourt remplit les fonctions de chef d'état-major. Les opérations reprirent
avec vigueur ; les forts et les barrages, canonnés de
front par la flottille, étaient tournés à terre par les
troupes. Le 10 avril, à l'attaque du cinquième fort,
un boulet emporta le cœur et le bras gauche du com-

(1) Aujourd'hui contre-amiraux.

mandant Bourdais, qui avait mis son guidon sur la
canonnière du lieutenant de vaisseau Peyron (1). Enfin,
après des combats répétés, l'expédition arriva devant
Mythô le 13 avril ; le jour suivant, le commandant du
Quillio allait donner l'assaut, quand il vit nos couleurs
flotter au-dessus de la citadelle. C'était la flottille de
l'amiral Page qui, ayant forcé l'entrée du Cua-Tieu,
avait mouillé le 12 en face de Mythô et avait trouvé la
citadelle évacuée.

La possession de Mythô nous donnait des avantages considérables ; point stratégique de premier
ordre, maîtrisant les communications du Mékong avec
la mer et le Cambodge d'une part, et d'autre part avec
les Vaïcos et la rivière de Saigon, il nous permettait
d'exercer une puissante action sur les transactions
commerciales ; nous enlevions enfin à Tuduc une citadelle remplie de munitions de guerre et de bouche et
un arsenal de constructions navales remarquablement
outillé.

La santé du corps expéditionnaire fut fortement
ébranlée par ces fatigues et ces combats ; le choléra
et la dyssenterie décimèrent nos malheureuses troupes.
L'amiral fit donc cesser les opérations militaires et
procéder immédiatement à l'organisation de la nouvelle province, dont l'administration fut confiée à des
officiers qui prirent le titre d'inspecteurs des affaires
indigènes et remplacèrent les *phu* (préfets) et les
*huyen* (sous-préfets) à la tête des provinces ; ces officiers durent déployer une activité extraordinaire pour
réprimer les tentatives d'insurrection qui se produi-

_______________

(1) Vice-amiral, ancien ministre, commandant l'escadre de la Méditerranée.

sirent sur plusieurs points. A Gocong, le 22 juin, le *huyen* Toaï, à la tête de plusieurs centaines d'Anna-mites, essaya d'enlever l'inspecteur, l'enseigne de vaisseau Vial ; ce dernier, aidé de quelques fusiliers marins, mit en fuite les rebelles après en avoir tué un grand nombre ; mais il reçut dans l'action trois coups de lance et n'échappa à la mort que grâce au dévouement du matelot Bodiez qui lui fit un rempart de son corps. Le *quan* Dinh, qui nous avait déjà com-battus à Kihoa, remplaça le *huyen* Toaï ; plusieurs familles de Gocong étaient alliées à la famille impé-riale ; la mère de Tuduc était une jeune fille du pays. Aussi les chefs des rebelles étaient-ils soutenus dans cette province ; quand ils étaient serrés de trop près par nos canonnières ou nos troupes, ils s'enfonçaient dans l'intérieur du pays, au milieu des bois et des marais. C'est ainsi que procédait le *phu* Cao dans la province de Mythô ; ce vieux mandarin, lépreux et à moitié paralysé, déployait une telle férocité que ses compatriotes l'avaient surnommé *Ong cop* (Monsieur le tigre). Il fut pris près de Caïlaï par le lieutenant de vaisseau Rieunier, amené à Mythô et exécuté.

Telle était la situation de la Basse-Cochinchine lorsque l'amiral Charner rentra en France ; elle était satisfaisante et le Gouvernement pouvait déclarer : « Déjà notre administration fonctionne régulièrement dans toute la province conquise ; elle y a rencontré d'autant plus de facilités que, due sans doute à l'in-fluence exercée sur le gouvernement de Hué à la fin du dernier siècle par quelques-uns de nos missionnaires et de nos officiers, l'organisation annamite présente bien des analogies avec nos formes administratives.

Aussi, dans le territoire où nous sommes fixés, la population est soumise, le travail agricole reprend, des routes s'exécutent, le commerce reparaît, la ville se reconstruit, des négociants européens, venus de Shangaï, Hong-Kong et Singapoore, s'y établissent; enfin la navigation rendue plus sûre, grâce au phare que nous élevons au cap Saint-Jacques, doit ramener et développer encore l'important trafic qui, jadis, se faisait sur ces côtes. Tout nous fait donc espérer que, dans un avenir assez prochain peut-être, nous serons dédommagés des sacrifices imposés par une entreprise que nous n'avions pourtant commencée que pour sauvegarder ces intérêts d'humanité et de civilisation sur lesquels semble s'étendre partout dans le monde, la protection du drapeau de la France (1). »

Le contre-amiral Bonard prit le commandement le 30 novembre 1861; des insurrections ayant éclaté sur divers points de la colonie, l'amiral dut reprendre les opérations militaires. Il envoya le *Norzagaray* prendre possession de Poulo-Condore, dont il fit un pénitencier pour les indigènes; il était prudent d'y devancer l'Angleterre; puis, tournant ses regards vers le Donnaï, il résolut de rejeter les Annamites au-delà du fleuve.

Les mandarins avaient construit un camp retranché sur le plateau de Mihoa, à trois lieues de Saigon, entre la rivière de ce nom et le Donnaï; ils avaient fermé le fleuve en aval de la citadelle à l'aide de barrages et d'estacades; de nombreux forts et batteries étaient

_________

(1) *Exposé de la situation de l'Empire*, présenté au Sénat et au Corps législatif le 29 janvier 1862.

établis à tous les coudes du fleuve. L'amiral résolut d'aborder ces obstacles par le centre, c'est-à-dire par le village de Gocong; il séparait ainsi le camp retranché de Mihoa des défenses accumulées au sud de la citadelle de Bienhoa. Il adressa donc un *ultimatum* au général annamite; la réponse n'ayant pas été jugée satisfaisante, les diverses colonnes du corps expéditionnaire se mirent en marche le 14 décembre à la pointe du jour.

La première colonne, sous les ordres du commandant Comte, comprenait les chasseurs à pied, une centaine d'Espagnols, un peloton de cavalerie et quatre obusiers; elle bivaquait à Honloc en observation devant le camp de Mihoa. La deuxième colonne, sous les ordres du lieutenant-colonel Domenech-Diégo, comprenait un bataillon d'infanterie de marine, quelques Espagnols et une section de 4 rayé; elle se tenait au point A, près du *rach* Tiêt et devait remplacer la colonne Comte devant Mihoa, pendant l'attaque de Gocong. Une troisième colonne, sous les ordres du capitaine de vaisseau Le Bris, comptait deux compagnies de débarquement et devait aborder Gocong par l'*arroyo*. Enfin le commandant de la *Renommée*, avec ses embarcations armées en guerre, devait participer à l'action en débouchant également par l'arroyo de Gocong.

D'après les ordres de l'amiral Bonard, la colonne Comte devait marcher de Honloc sur Gocong. Le signal de l'attaque générale était un coup de canon envoyé par cette colonne, dès qu'elle se trouverait en vue de Gocong. Au signal convenu, les têtes des différentes colonnes se présentaient en même temps devant le village qu'elles enlevaient et que les chasseurs à pied occupèrent. Pendant ce temps, plusieurs canonnières, placées sous les ordres du lieutenant de vaisseau Harel, commandant de l'*Avalanche,* s'embossaient devant les batteries annamites et engageaient avec elles un duel d'artillerie tellement violent que la canonnière l'*Alarme* recevait cinquante-quatre boulets dans sa coque et avait sa mâture et son gréement complètement rasés. Le capitaine de vaisseau Le Bris, avec ses deux compagnies de débarquement et une partie de la colonne Comte, vint au secours du lieutenant de vaisseau Harel en marchant de Gocong sur le revers des batteries annamites, que leurs défenseurs abandonnèrent précipitamment. Les canonnières purent alors s'avancer péniblement sur Bienhoa et mirent deux jours à se frayer un passage à travers les estacades.

Le lendemain, le lieutenant-colonel Domenech-Diégo et le commandant Comte enlevaient Mihoa ; les troupes passaient ensuite sur la rive gauche du Donnaï et s'emparaient de la citadelle avec l'aide de la flottille.

« En résumé, Monsieur le Ministre, l'expédition de Bienhoa, faite en quatre jours de campagne active, a eu pour conséquence : la destruction complète et la dispersion du camp de Mihoa, situé à trois lieues de Saigon ; la prise de trois forts et l'explosion d'un quatrième ; l'évacuation totale de la province de Bienhoa par l'armée du roi Tuduc qui, craignant d'être coupée sur la route de Hué, ce qui est en voie d'exécution, s'est enfuie en désordre à travers les montagnes, en abandonnant tous les forts si péniblement entassés les uns sur les autres, et brûlant ses magasins. Les débris de cette armée se sont retirés vers la province de Binthuan, en dehors de la Basse-Cochinchine ; la prise de 48 pièces de canon, d'un approvisionnement de bons bois de construction et de 15 jonques royales, dont dix de près de 200 tonneaux ; enfin la possession d'une citadelle, où, malgré les dégâts que l'ennemi a cherché à commettre, nous pouvons, dès maintenant, installer une garnison respectable, avec un hôpital de 100 lits, dans un pays magnifique où l'on ne rencontre point de marécages... (1). »

Poursuivant ses succès, l'amiral Bonard gagna Baria par mer ; il emmenait quelques compagnies de débarquement et un détachement de troupes espagnoles. Les Annamites, menacés de front par les canonnières et tournés à terre par le capitaine de vaisseau Coupvent-Desbois, battirent en retraite sur Longlap, où se trouvaient leurs magasins. Des renforts, venus de Saigon, permirent à l'amiral de les chasser encore de ce repaire et de les rejeter jusqu'à Coumi, sur la frontière du Binthuan. Pendant ce temps, le *Norzagaray*, qui surveillait la côte, coulait dans le port de Phanri vingt-cinq jonques de mer et détruisait ainsi un immense approvisionnement de riz, qu'il ne pouvait amener à Saigon.

Les trois positions de Thudaumot, Bienhoa et Baria, parfaitement reliées entre elles, nous permettaient de surveiller les frontières de l'Annam ; l'amiral put, dès lors, se consacrer entièrement à l'organisation intérieure de nos nouvelles possessions. On a reproché à

_____________

(1) *Rapport adressé à S. E. le Ministre de la marine et des colonies par le contre-amiral Bonard, commandant en chef en Cochinchine.*

cet officier général d'être arrivé en Cochinchine avec
des idées préconçues sur le système d'administration
susceptible d'être appliqué aux populations indigènes :
« ... Le nouveau commandant en chef avait conclu
qu'un seul système d'administration était pratique,
simple et avantageux dans notre colonie naissante ;
confier à de grands chefs indigènes la surveillance directe des populations, tandis que les gouvernants européens, libres de toute ingérence dans les détails de
l'administration, s'occuperaient de favoriser le développement du commerce et la fondation de grandes entreprises agricoles et industrielles. Si les populations se
soulevaient, ou si les chefs n'accomplissaient pas leurs
devoirs, des colonnes mobiles iraient les châtier. Il ne
changea rien à son programme lorsqu'il se trouva aux
prises avec la réalité au milieu d'un peuple essentiel-
lement démocratique, élisant ses magistrats munici-
paux et abandonnant la gestion des affaires générales
aux délégués de l'administration supérieure... Il remplaça, aussitôt qu'il le pût, les directeurs des affaires
indigènes par des *phu* et des *huyen* annamites qui
furent placés sous la surveillance d'un petit nombre
d'officiers français portant le titre d'inspecteurs des
affaires indigènes. Ces *phu* et ces *huyen* manquaient
de prestige et d'autorité aux yeux de la population ; la
plupart, et c'était bien naturel au lendemain de la
conquête, étaient peu dignes de la confiance qui leur
était accordée. Ils ne furent que des rouages inutiles
et même nuisibles de l'administration publique.........
Nous n'hésitons pas à signaler les imperfections d'une
œuvre aussi considérable que celle qui fut accomplie
par l'amiral Bonard ; car il est utile, croyons-nous, de

rechercher les causes diverses qui influèrent sur le développement de la colonie, tânt pour le retarder que pour l'accélérer. Elles furent d'ailleurs compensées par d'éclatants services rendus (1). »

M. Xavier Robert jugeait ainsi la question : « Deux systèmes d'administration ont déjà été essayés. L'un remplaçait par des officiers européens tous les mandarins fugitifs, l'autre confiait les positions subalternes de l'administration à des indigènes, réservant seulement pour les Européens les positions élevées. Le premier, conforme aux besoins d'une situation naissante, en ce sens que tous les districts étaient commandés par des officiers sûrs et désireux de bien faire, présentait cependant de graves inconvénients dans le détail. Ce système était, avant tout, onéreux pour le budget ; il était difficile, sinon impossible de trouver parmi des troupes récemment débarquées, un nombre suffisant d'officiers pourvus des connaissances nécessaires pour occuper de semblables positions. Des interprètes peu fidèles dénaturaient souvent, dans leur intérêt particulier, les intentions les plus équitables et les plus loyales. Le second présentait pour l'avenir des conditions sérieuses de prospérité. Il réunissait la simplicité à l'économie ; mais les premiers choix, difficiles à faire au milieu de gens qui craignaient de se compromettre en nous servant, tombèrent pour la plupart sur des sujets manquant de ces formes graves et polies que le peuple annamite est si habitué à trouver chez ses chefs... Ces erreurs, inévitables au début, ne sont pas un motif

_______

(1) Commandant Vial, *déjà cité.*

d'exclusion radicale contre le principe d'admission des
indigènes aux fonctions publiques. Une pratique de
quelques années suffirait pour mettre à la disposition
du Gouvernement un personnel d'Européens suffisant
pour les emplois supérieurs. De même, le temps, qui
doit amener la tranquillité dans nos provinces, ralliera
indubitablement à notre cause, devenue celle de
l'ordre et de la prospérité, les familles les plus riches,
les plus influentes du pays. Du jour où, délivrées de
la terreur que leur inspirent encore les agents de l'ancien gouvernement, elles croiront à la durée de notre
occupation, lés positions de *phu* et de *huyen*, au
service de la France, deviendront sûrement l'objet de
leurs désirs. En attendant, les sujets sont assez rares ;
il faut accepter tous ceux que leur instruction rend
capables de contribuer à l'œuvre générale. Jusqu'à
nouvel ordre, il faut bien s'en tenir à un personnel à
peu près exclusivement européen, qui peut seul donner
aujourd'hui les garanties de fidélité et d'honneur
qu'on doit rechercher avant tout. Mais il serait à désirer que certaines positions administratives fussent
accessibles aux indigènes, du moins en principe. Ce
serait une récompense dont nous pourrions disposer,
et qui tenterait les familles influentes du pays (1). »

Ce vœu formulé en 1863 a été réalisé depuis ; les
*xa* (maires), les *tong* (chefs de canton), les *huyen* et
les *phu* administrent directement les indigènes sous
la haute direction d'un administrateur européen, chef
de province. Plusieurs de ces chefs indigènes, tels que

_______________

(1) *Revue contemporaine*, 1863.

le *phu* Loc et le *phu* Ca, nous ont rendu d'inappréciables services.

Ces travaux de pacification étaient constamment contrariés par les agissements des émissaires de Hué qui, de Vinhlong, fomentaient des insurrections continuelles ; l'amiral Bonard résolut de s'emparer de ce foyer d'agitation. Il réunit à Mythô le corps expéditionnaire, qui comprenait une flottille (le *Samroch*, l'*Ondine*, la *Dragonne*, la *Fusée* et sept petites canonnières) et les troupes de débarquement, sous les ordres du lieutenant-colonel d'infanterie de marine Reboul (1). L'amiral Bonard se présenta le 20 mars devant la citadelle, dont le feu fut éteint par l'artillerie de la flotte le jour suivant ; le 23, Vinhlong tombait en notre pouvoir ainsi qu'un matériel de guerre considérable et d'immenses approvisionnements de riz (2).

En même temps une expédition était dirigée contre Micui, entre Mythô et Caïlaï ; elle fut placée sous le commandement du capitaine de vaisseau Desvaux, qui prit comme chef d'état-major le major espagnol Olabe ; elle comprenait deux compagnies d'infanterie de marine sous les ordres du capitaine Brière de l'Isle (3), la compagnie de débarquement du *Duperré*, le grand canot du *Prégent* et la chaloupe la *Soledad* ; les Annamites n'offrirent aucune résistance.

Toutes ces expéditions n'entravaient pas l'exécu-

---

(1) Général de division en retraite.
(2) *Analyse du rapport de l'amiral Bonard au ministre de la marine.*
(3) Général de division, inspecteur général adjoint des troupes.

tion des travaux de constructions ; le 13 mai 1862, le
colonel du génie Coffyn dressait le plan de Saigon :
« Etabli sur des proportions exagérées peut-être pour
une ville de 500,000 âmes, il était parfaitement concu
en vue d'une circulation facile et d'une bonne aération
de la nouvelle cité (1). » Les constructions s'élevèrent
rapidement et l'aspect de la ville changea en un clin
d'œil : « Quand on songe d'un côté, écrivait M. de
Coincy en 1866, à ce qu'était Saigon il y a quatre ans,
aux marécages qui en couvraient une partie, aux ci-
metières qui en occupaient une autre et laissaient
exhaler pendant les pluies de redoutables effluves, aux
cases en paillottes qui servaient de demeures à tous
les Français ; quand, d'un autre côté, on met en ba-
lance les canaux creusés, les plaines assainies, les
grandes voies tracées, les constructions solides élevées
de toutes parts, l'agglomération sans cesse croissante
des habitants, on ne peut méconnaître l'activité dé-
ployée par le gouvernement... (2). »

Le gouvernement de Hué, se rendant compte qu'il
lui était impossible de nous arrêter dans la voie de la
conquête, manifesta l'intention de traiter ; la nouvelle
fut apportée à Saigon par le capitaine de frégate Simon, commandant du *Forbin ;* ce croiseur surveillait
l'entrée de la rivière de Hué, empêchant ainsi les
jonques de venir débarquer le riz nécessaire à la con-
sommation de la capitale. Tuduc fut contraint de céder,
et le 26 mai, le *Forbin* mouillait en rade de Saigon,
ayant à la remorque la vieille corvette annamite,

***

(1) Commandant Vial, *déjà cité.*
(2) *Quelques mots sur la Cochinchine en* 1866.

l'*Aigle-des-Mers*, à bord de laquelle étaient deux
ambassadeurs, Phan-tan-giang, ministre des rites, et
Lam-dui-hiep, ministre des armes... « Phan-tan-giang
était un vieillard de 70 ans, doux, insinuant, qui,
malgré sa physionomie souriante, possédait une énergie peu commune ; son compagnon, sous un extérieur
moins séduisant, était loin d'avoir une âme vulgaire.
Ils déclarèrent très franchement dans leurs premières
conversations que l'empire annamite était aux abois
et que le roi, pour sauver sa couronne, les avait
chargés d'obtenir des conditions de paix accepta-
bles (1). »

En effet, une formidable insurrection avait éclaté
au Tonkin ; un Annamite chrétien, nommé Lephung,
originaire de Tourane, qui avait fui le Quang-Duc en
1858, par suite du redoublement des persécutions à
l'apparition de la flotte de l'amiral Rigault de Genouilly, se fit passer pour un descendant de la dynastie
nationale des Lê et appela le peuple tonkinois aux
armes. Il réunit en quelques jours plusieurs milliers
de combattants, battit les troupes de Tuduc en plusieurs rencontres, et, en 1862, profitant de notre intervention en Basse-Cochinchine, s'était rendu maitre
de tout le Tonkin oriental. Il résolut alors de s'adresser
à la France, et, à l'instigation des missionnaires, pro-
mit, en cas de secours, d'organiser sous notre protectorat une sorte de royaume théocratique. Ses
propositions ne furent malheureusement pas acceptées
et Tuduc, après la conclusion du traité du 5 juin 1862,
put se retourner librement contre le rebelle et envoyer

(1) Commandant Vial, *déjà cité*.

contre lui Nguyen-tri-phuong, notre adversaire de Kihoa, qui mit fin à l'insurrection.

Ce traité du 5 juin 1862, conclu entre la France et l'Espagne d'une part, et le royaume d'Annam d'autre part, contenait les clauses suivantes : libre exercice du culte chrétien dans le royaume d'Annam tant pour les sujets européens que pour les sujets asiatiques ; cession à la France des trois provinces de Bienhoa, de Saigon et de Mythô, de Poulo-Condore ; liberté de commerce et de navigation pour les sujets français sur tous les bras du Mékong ; liberté de commerce dans les trois ports de Tourane, de Balat et de Quang-An ; paiement d'une indemnité, dans un laps de temps de dix ans, d'une somme de quatre millions de dollars ; la citadelle de Vinhlong ne devait être rendue aux Annamites que lorsque tous les rebelles auraient déposé les armes. Le capitaine de frégate de Lavaissière de Lavergne et le major espagnol Olabe s'embarquèrent immédiatement sur l'*Echo* et vinrent en Europe faire ratifier le traité par leurs souverains. Le commandant de Lavaissière étant mort à Aden dans le cours de la traversée, ce fut le commandant de l'*Echo*, M. Ganteaume, qui vint à Paris porter le traité. Quant aux deux plénipotentiaires annamites, l'un, Phan-tan-giang, fut nommé gouverneur de la province de Vinhlong, et Lam-dui-hiep gouverneur du Binthuan.

L'amiral Bonard reprit alors le cours de ses travaux d'organisation intérieure ; cession d'un terrain aux Messageries maritimes ; creusement d'un canal de ceinture reliant, à travers la plaine des Tombeaux, l'*arroyo* chinois à celui de l'*Avalanche* ; assainissement de la ville ; organisation de la justice.

En 1860, pendant que le commandant d'Ariès était
bloqué dans Saigon, le gouvernement siamois lui avait
annoncé l'envoi d'une armée de secours de 60,000
hommes ; au lendemain des journées de Kihoa, l'amiral Charner avait su, par les ambassadeurs cambodgiens, que cette armée siamoise n'avait jamais paru,
même au Cambodge. Les Siamois et leurs clients, les
Cambodgiens, auraient cependant bien voulu nous
servir d'alliés contre les Annamites, et, en retour,
obtenir la rétrocession de tout l'ancien pays cambodgien, depuis Campot jusqu'au Bassac. Sachant les
Annamites battus à Kihoa, les Cambodgiens du pays
de Soctrang s'étaient même levés contre leurs oppres-
seurs ; la fortune les ayant trahis, ils étaient retombés
sous le joug des mandarins annamites.

Par le traité du 5 juin 1862, l'Annam nous cédait
ses droits sur le Cambodge, tenu alors en tutelle par
le Siam depuis plusieurs années. Ce royaume du Cambodge était en effet attaqué et démembré depuis le
siècle précédent, alternativement par le Siam et par
l'Annam ; en 1795, le roi de Siam prêta le concours
de ses armes au roi du Cambodge contre ses sujets
révoltés et se fit céder, pour prix de ses bons services,
les deux riches provinces d'Angkor et de Battambang.
Les Annamites, de leur côté, s'emparaient des provinces du bas Mékong. Mais l'ennemi le plus redou-
table pour le Cambodge était le royaume de Siam
qui, depuis la prise de possession par l'Angleterre, en
1853, du Pégu, de Martaban et de Tenassérim, ne
pouvait plus réaliser ses projets d'agrandissement que
vers le Mékong.

Au moment de notre établissement en Cochinchine,

le roi du Cambodge, Norodom, était en lutte avec de nombreux compétiteurs, dont Si-Wata, son frère cadet soutenu par son oncle Snang-Sôr. Sur le conseil de M⁣ᵍʳ Miche, évêque de Dansara, Norodom chercha un appui près de l'amiral Bonard qui partit au Cambodge en septembre 1862. Dans le cours du voyage, l'amiral put se rendre compte de la tutelle que le Siam exerçait sur le Cambodge ; le général siamois Phnéa-Rat, en fonctions près de Norodom, n'hésita même pas à réclamer à l'amiral Bonard, au nom de son protégé, les anciens territoires cambodgiens conquis par l'Annam au siècle précédent. D'un autre côté, dans l'intérêt de notre nouvelle colonie, nous ne pouvions admettre que le Cambodge, recevant le mot d'ordre de Siam, c'est-à-dire de l'Angleterre, nous tint en échec au nord de nos nouveaux établissements. Le roi Mongkut n'était que l'instrument de la Grande-Bretagne, jalouse de nous voir nous établir en Basse-Cochinchine et désireuse de voir le Siam s'annexer le Cambodge. « Les Anglais, qui ne sont cependant pas à l'étroit dans les Indes, ont vu leurs desseins contrariés par notre présence dans l'empire d'Annam... Aujourd'hui, ils ont gagné du terrain et jouissent dans les conseils du gouvernement siamois d'une influence considérable. Ils eussent tenu pour un véritable succès politique d'amener le roi Phra-Maha-Mongkut, fort disposé à suivre ce conseil, à s'annexer purement et simplement le Cambodge. On sait trop bien ce que cache d'ordinaire la tendresse portée par l'Angleterre à ses clients pour ne pas douter un peu du désintéressement qu'elle affecte en témoignant à Siam tant de sollicitude... Elle s'irrite de rencontrer sur son chemin

des rivaux qu'elle croyait avoir pour jamais expulsés
de l'Asie. De Moulmein, elle guette déjà Bangkok,
et, ne pouvant prendre elle-même le Cambodge, elle
s'efforçait d'enrichir un ami dont elle se croyait assurée
d'hériter... L'indépendance du Cambodge dut appa-
raître bientôt comme une condition essentielle au développement et presque à l'existence de la Cochinchine française. Dans l'état de faiblesse où se trouvait
réduit le royaume, l'indépendance était impossible
sans un protectorat. Les droits de suzeraineté de la
France substituée à Tuduc, étant dès le principe au
moins égaux à ceux de Siam, nous pouvions les déclarer les uns et les autres éteints par compensation.
Un traité nous créerait des droits nouveaux et exclu-
sifs. Siam serait définitivement écarté. C'est vers ce
but que durent se diriger tous les efforts des officiers
français devenus diplomates (1). »

En revenant du Cambodge, l'amiral reçut à Vinhlong les protestations de paix de Phan-tan-giang ; il
n'en fut pas dupe, car il sentait le pays se soulever
autour de lui. Le *quan* Dinh se fortifiait à Gocong,
où il était bloqué par l'*Alarme* ; Tanan était surveillé
par le lieutenant de vaisseau Gougeard (2) ; le Phuoc-
Loc par le lieutenant de vaisseau Lespès, commandant
la *Mitraille*. Les frontières septentrionales et orientales avaient été divisées entre trois commandements
militaires, à la tête desquels furent placés le lieutenant-
colonel Loubère et les commandants Brière de l'Isle

_______

(1) *Le royaume du Cambodge et le protectorat français* ; de Carné, 1869.
(2) Mort capitaine de vaisseau, général auxiliaire en 1870, ancien ministre
de la marine.

et Coquet (1). Ces officiers déployaient une vigilance incessante, car un vent de rébellion soufflait sur la colonie; aussi l'amiral Bonard demanda-t-il des renforts qui lui furent expédiés en toute hâte par l'amiral Jaurès, alors à Shangaï avec sa division navale, et par le gouverneur général des Philippines. Le 16 décembre, l'insurrection éclatait; mais les mesures étaient prises et elle fut contenue.

Cependant l'amiral, voulant en finir avec le *quan Dinh*, organisa avec son chef d'état-major, le colonel Reboul, une expédition contre Gocong, le quartier général du rebelle. Les mouvements préparatoires des troupes et de la flottille furent réglés en vue de cerner complètement le pays de Gocong; des canonnières surveillèrent le Vaïco occidental au nord et le Cua-Tieu au sud; la corvette espagnole la *Circé* tint le Soirap; le poste de Chogao et des troupes venues de Mythô continrent l'ennemi vers l'ouest. Le 25 février 1863, le général Chaumont, de l'infanterie de marine, débarqua à Dongson, à l'ouest de Gocong, et s'empara des retranchements de Vinhthoï; le lendemain, les colonnes d'attaque, commandées par le colonel Palanca, le commandant de tirailleurs algériens Piétri et le lieutenant de vaisseau Guys, marchaient concentriquement sur Gocong, que les Annamites évacuèrent précipitamment, jetant leurs armes et leurs munitions. Le 27, le général Chaumont enlevait à Traïca les derniers retranchements des rebelles dans le sud de Gocong. A la suite de cette expédition, les troupes espagnoles partirent pour

_______

(1) Mort général de brigade.

Manille, et les tirailleurs algériens retournèrent à Shangaï.

A ce moment, un aide de camp du ministre, le capitaine de vaisseau Tricault, apportait à Saigon la ratification du traité du 5 juin ; le même courrier amenait le contre-amiral de la Grandière, venant remplacer par intérim l'amiral Bonard qui avait obtenu un congé. Toutefois, avant de quitter la colonie, l'amiral Bonard, accompagné du colonel Palanca, s'embarqua pour Hué afin de faire ratifier le traité par Tuduc. Les membres de la légation française étaient l'amiral, son chef d'état-major colonel Reboul, le capitaine de vaisseau Tricault, le capitaine de frégate Aubaret et le lieutenant de vaisseau Buge. Les membres de la légation espagnole étaient le colonel Palanca, son chef d'état-major Roig de Lluis, le commandant Torrontégui, le commandant Carballo de la *Circé* et le commissaire Devera ; M. Legrand de la Liraye remplissait les fonctions d'interprète.

L'amiral s'était fait précéder, le 1er avril 1863, par le *Forbin* ayant à bord Phan-tan-giang et Lam-dui-hiep chargés de veiller à tous les préparatifs de la réception, dont les détails avaient été préalablement fixés. Le lendemain, l'amiral s'embarquait sur la *Sémiramis*, escorté par le *Cosmao*, la *Grenada* et la *Circé* portant le colonel Palanca. L'escadre mouilla le 5 dans la baie de Tourane, d'où l'amiral Jaurès fit route pour Shangaï ; les plénipotentiaires arrivèrent le 10 à Hué où ils furent reçus en grande pompe ; le 14 eut lieu l'échange du traité ratifié par Tuduc. Le lendemain, Lam-dui-hiep était enlevé par le choléra qui désolait la capitale ; le 16 eut lieu l'audience de congé dans la citadelle, audience à la suite de laquelle Tuduc remettait à l'amiral une lettre autographe pour Napoléon III. Le 18 enfin, les plénipotentiaires s'embarquaient sur la *Grenada* qui était venue mouiller à l'entrée de la rivière de Hué (1). De retour à Saigon, l'amiral Bonard remit les rênes du gouvernement à l'amiral de la Grandière et s'embarqua pour France le 30 avril avec le colonel Reboul.

(1) *Analyse du rapport de l'amiral Bonard au Ministre.*

# CHAPITRE VII

## EXTENSION DE L'INFLUENCE FRANÇAISE EN INDO-CHINE.

Traité du 11 août 1863 avec le Cambodge. — Intrigues siamoises
au Cambodge. — Couronnement de Norodom (3 juin 1864). —
L'opinion publique en France; le marquis de Chasseloup-
Laubat. — Traité secret entre le Siam et le Cambodge (11 décembre 1863). — Expédition de la plaine des Joncs (avril 1866).
— Insurrection de 1866 ; Pu-Combô. — Occupation des trois
provinces occidentales (juin 1867). — Traité du 15 juillet 1867
entre la France et le Siam. — Insurrection de 1867. — Conférences de Saïgon (janvier 1868). — Délimitation des frontières
du Cambodge (juillet 1870). — Traité du 15 mars 1874. —
Considérations finales.

Au moment où l'amiral de la Grandière prenait le
commandement, les rebelles et surtout le *quan* Dinh,
échappé de Gocong, avaient repris la campagne; le
*quan* Dinh avait même poussé l'audace jusqu'à faire
afficher en plein marché de Mythô une proclamation
appelant le peuple annamite aux armes et mettant à
prix les têtes des Européens. La cour de Hué et Phan-
tan-giang avaient beau désavouer ce rebelle, l'amiral
n'en reconnaissait pas moins la main qui, dans l'ombre,
fomentait continuellement les insurrections.

Le 25 mai 1863, en exécution d'une des clauses du
traité du 5 juin, Phan-tan-giang rentra dans Vinhlong,
que lui remit le commandant d'Ariès : « Ce fut un

véritable triomphe pour lui et pour sa politique ; ses
compatriotes y virent le présage de la réoccupation
prochaine de toutes les citadelles de Giadinh (1). »
Phan-tan-giang vint à Saigon remercier l'amiral et, le
2 juin, repartit pour Hué sur l'*Echo*; il allait prendre
les instructions de Tuduc qui n'avait pas perdu tout
espoir de recouvrer les provinces de la Basse-Cochinchine ; il en offrait 100 millions au gouvernement français. « Des motifs graves, des préjugés respectables
justifiaient la persistance du roi à vouloir rentrer en
possession du pays qu'il avait perdu. Sa mère, qui
vivait encore, était née à Gocong ; elle était aveugle et
on lui avait caché que son village natal était tombé au
pouvoir des barbares de l'Occident. La grand'mère
du roi, mère de Thieutri, était de Thuduc, petit village
à deux lieues de Saigon, sur l'autre rive du Donnaï.
Dans ces deux pays, le souverain possédait une nombreuse parenté, et il y faisait entretenir avec une piété
scrupuleuse les tombes de ses ancêtres maternels. Son
honneur était engagé à conserver le territoire sur
lequel reposaient leurs ossements (2). »

Revenu à Saigon en fin de juin, Phan-tan-giang
reprit la mer sur l'*Européen* ; accompagné d'une nombreuse suite et du lieutenant de vaisseau Rieunier, le
ministre de Tuduc se rendait en France solliciter près
de l'Empereur la rétrocession des trois provinces.
« Nous nous souvenons, écrivait en septembre 1873 le
capitaine de vaisseau Rieunier, que dans trois circonstances.... l'ambassadeur, s'asseyant soucieux près de

---

(1) Commandant Vial, *déjà cité.*
(2) Commandant Vial, *déjà cité.*

nous sur la passerelle du vapeur l'*Européen*, mit la conversation sur le but de sa mission. Nous le dissuadions des illusions qu'il pouvait avoir à l'égard de la cession de notre conquête, en lui promettant qu'il trouverait en France l'accueil le plus sympathique et le plus bienveillant. Nous causions ensuite de l'avenir de sa patrie, de l'aptitude de ses habitants, et des avantages qu'ils retireraient, peuple et mandarins, de notre civilisation. Plus qu'aucun de ses compatriotes, il en appréciait la valeur, et il finissait toujours ses conversations par ces mots : *Il faut encore attendre, et jusqu'à ce moment nos deux nations n'en resteront pas moins en bonne amitié* (1). »

Après le départ de Phan-tan-giang, l'amiral de la Grandière monta au Cambodge pour arrêter avec Norodom, conformément aux instructions du marquis de Chasseloup-Laubat, ministre de la marine, les bases d'un traité aux termes duquel le Cambodge acceptait le protectorat de la France. Ce traité, conclu à Oudong le 11 août 1863, stipulait les clauses suivantes : Protection accordée au roi du Cambodge par Napoléon III ; nomination près du roi du Cambodge d'un résident français chargé, sous la haute autorité du gouverneur de la Cochinchine, de veiller à la stricte exécution du protectorat ; nomination d'un résident cambodgien à Saigon pour communiquer directement avec le gouverneur de la Cochinchine ; aucun consul d'une autre nation que la France ne pourra résider auprès du roi du Cambodge ou dans aucun lieu de ses Etats, sans que le gouverneur de la Cochinchine

---

(1) Préface des *Premières années de la Cochinchine française*.

n'en ait été informé et ne se soit entendu à cet égard
avec le gouvernement cambodgien ; liberté réciproque
de circulation, de possession et d'établissement pour
les sujets français et cambodgiens dans le Cambodge et
l'Empire français ; droit pour les missionnaires catholiques de prêcher et d'enseigner; cession à la France
d'un terrain nommé *Chreuy-Chang-Va*, ou les *Quatre-
Bras*, pour y construire un dépôt de charbon et des
magasins d'approvisionnement ; droit pour la France
de choisir, d'abattre, de débiter et d'exploiter dans les
forêts du Cambodge les bois propres aux constructions
navales (1). Ce traité fut tenu si secret, que Doudart
de Lagrée lui-même n'en connut l'existence que plus
tard, malheureusement pour la France, car notre représentant n'en put surveiller l'exécution immédiate
et empêcher le faible Norodom d'en signer clandes-
tinement un autre avec le Siam, le 1er décembre suivant.

A son retour, l'amiral prit de nouvelles dispositions
pour arrêter les progrès des rebelles et surtout en
finir avec le *quan* Dinh qui s'était réfugié à Lynhon,
dans les forêts marécageuses de la rive gauche du
Soirap : traqué par les lieutenants de vaisseau Gougeard et Béhic (2), le rebelle, surpris dans son repaire,
put encore s'échapper.

En décembre 1863, Norodom manifesta le désir de
se faire couronner : en février 1864, le capitaine de
frégate Desmoulin, chef d'état-major de l'amiral de la

_______

(1) *Explorations et missions de Doudart de Lagrée*, de Villemereuil, capitaine de vaisseau, 1883.

(2) Aujourd'hui contre-amiral.

Grandière, se rendit à Oudong pour présider la cérémonie qui ne put avoir lieu, S. M. Mongkut ayant
retenu à Bangkok la couronne de son client. Elevé à
Siam dans sa jeunesse, Norodom avait eu le roi Mongkut comme parrain lorsqu'il avait été consacré bonze :
il avait gardé à l'égard de ce royal parrain, sinon de
l'affection, du moins une crainte qui ne put se dissiper
que grâce à la présence de quelques canonnières françaises au Cambodge. Le roi de Siam ayant cependant
invité son protégé Norodom à venir se faire couronner
à Bangkok, notre nouvel allié partit avec Phnéa-Rat
le 3 mars 1864 pour Campot, d'où une escadre siamoise devait le conduire à Bangkok. Le roi n'était
pas à quelques kilomètres de sa capitale que Doudart
de Lagrée hissait les couleurs françaises sur le palais
de Oudong et les appuyait par vingt-et-un coups de
canon : Norodom, inquiet du bruit des détonations,
revint en toute hâte près de Doudart de Lagrée. Cet
officier, toujours en éveil, surveillait les faits et gestes
du général Phnéa-Rat, qui recourait à tous les moyens
pour entraver les projets de l'amiral de la Grandière
en menaçant constamment le pusillanime Norodom
des colères du roi de Siam. Ce général quitta définitivement Oudong, le 25 avril, non sans être entré dans
de violents accès de rage en voyant la France sup-
planter le Siam au Cambodge. S. M. Mongkut avait
prudemment agi en ne mettant pas à exécution le
projet qu'il avait formé de retenir Norodom à Bangkok ;
une pareille conduite eût été « une usurpation atten-
tatoire aux intérêts et aux droits » de la France. Doudart de Lagrée avait d'ailleurs déclaré à Norodom,
dans une lettre très ferme, que la France ne souffrirait

jamais l'ingérence du Siam dans les affaires intérieures du Cambodge : « C'est à ce titre que je viens
présenter au roi quelques observations sur la situation
du Cambodge et l'état actuel de ses relations avec
Siam..... Siam nie l'indépendance du Cambodge, que
la France reconnaît hautement. De ce que, pendant
les troubles civils qui ont désolé ce pays, elle a pris
efficacement le parti du roi légitime actuellement ré-
gnant, la cour de Bangkok conclut à la suzeraineté
effective, à la possession..... La France, que le roi en
soit bien convaincu, n'acceptera jamais un pareil état
de choses. Il lui importe que le Cambodge soit libre ;
à aucun prix, elle ne consentira à voir Siam à ses frontières ; les intérêts de sa nouvelle colonie le lui défendent..... (1). »

Le 18 mars 1864, Phan-tan-giang et sa suite débar-
quaient du *Japon* ; ils furent reçus à Saigon par l'amiral de la Grandière : Phan-tan-giang avait l'air satisfait et pressé d'aller rendre compte à Tuduc du résultat de sa mission. Il repartit en effet le 24 pour Hué.
Malgré tous les efforts du marquis de Chasseloup-
Laubat, le Gouvernement avait promis à Phan-tan-
giang de faire au traité du 5 juin 1862 les modifications
proposées par la cour de Hué. En effet, arriva de
France le capitaine de frégate Aubaret, nommé consul
à Hué et à Bangkok : il envoya de Singapoore à l'amiral de la Grandière le texte modifié du traité du 5 juin.

A Singapoore, le commandant Aubaret s'embarqua
sur le d'*Entrecasteaux* pour Bangkok, où il devait
remettre à S. M. Mongkut une lettre autographe de

_______

(1) *Explorations et missions de Doudart de Lagrée.*

Napoléon III : il fut reçu en audience solennelle le
15 avril 1864. A dater de cette époque, le Siam s'abs·
tint d'intervenir directement dans les affaires du Cambodge. Mongkut envoya même à Saigon, par le d'*Entrecasteaux*, un ambassadeur, Montrey - Sorivong,
avec une suite nombreuse, pour assister au couron·
nement de Norodom : l'ambassadeur siamois, porteur
de la couronne du Cambodge, arrivé à Saigon le 24
mai, en repartait le 30 pour Oudong sur l'*Ondine*,
accompagné du capitaine de frégate Desmoulin. La
cérémonie du couronnement eut lieu le 3 juin : « L'envoyé siamois désirait placer lui-même la couronne sur
la tête de Norodom; le chef d'état-major de l'amiral
de la Grandière s'y opposa. Phya-Montrey offrit alors
de la prendre chacun de son côté; M. Desmoulin dé-
clina encore cette proposition, et fit adopter la marche
suivante : il recevrait la couronne des mains du Siamois, et la présenterait au roi qui s'en ornerait le
chef lui-même, tout comme Napoléon à Notre-Dame.
Quand il sentit enfin bien fixée sur sa tête cette couronne, qui s'était évanouie si souvent au moment où
il croyait la saisir, Norodom, oppressé par le bonheur,
exprima le désir de saluer son puissant protecteur
l'empereur Napoléon III. Il fit quelques pas vers l'Occident, et, portant la main à sa couronne pour imiter
M. Desmoulin qui ôtait son chapeau, il répéta les in-
clinations profondes qu'il voyait faire devant lui (1). »

Après avoir rempli sa mission à Siam, le commandant Aubaret revint à Saigon, d'où il partit sur le
d'*Entrecasteaux* pour Hué, où il allait discuter avec

_______

(1) De Carné, *déjà cité.*

les ministres de Tuduc les modifications susceptibles
d'être apportées au traité du 5 juin. Les négociations
de Phan-tan-giang avaient donc réussi ! Nous devions
garder seulement Mythô, Thudaumot et Cholon et,
jusqu'à la mer, une zône de terrain de quatre ou cinq
kilomètres sur les rives de l'arroyo chinois, du Cua-
Tieu et de la rivière de Saigon ; nous rendions à
Tuduc tous les territoires arrosés du sang de nos soldats moyennant une indemnité pécuniaire ; nous nous
réservions seulement le droit d'entretenir un consul à
Hué. Ces nouvelles conditions, rapidement connues
des colons français et de leurs partisans indigènes,
jetèrent la consternation dans la colonie naissante.
« L'opinion, en effet, écrivait M. du Hailly, par un de
ces revirements qui lui sont familiers, était du jour au
lendemain, et sans raison apparente, devenue presque hostile à notre établissement. Les financiers
surtout le battaient en brèche de toute leur éloquence,
de sorte qu'on voyait le but sans pouvoir y marcher,
tant l'avenir offrait peu de garanties à une entreprise
transformée pour ainsi dire en bouc émissaire de nos
expéditions lointaines. Avec quelle anxiété le petit
noyau de Français groupés à Saigon n'attendait-il pas
de courrier en courrier une solution que chacun ne
pouvait s'empêcher de redouter instinctivement !... Ce
qui a le plus nui à la Cochinchine dans l'opinion, ce
qui a presque failli la faire succomber sous le poids
immérité de l'indifférence publique, ça été, qu'au début,
la raison d'être de cette occupation ne ressortait
clairement aux yeux de personne en France (1). »

(1) *Souvenirs d'une campagne dans l'Extrême-Orient.* 1866.

A ce moment le budget de l'empire était fortement
obéré par les dépenses excessives de l'expédition du
Mexique, et le ministre des finances était naturellement un des plus chauds partisans de l'abandon de
la Basse-Cochinchine ; le ministre des affaires étrangères avait envoyé à Hué, en janvier 1864, le
commandant Aubaret avec pleins pouvoirs pour traiter
avec Tuduc, moyennant quelques millions, dont le
paiement était d'ailleurs fort problématique, la rétrocession des territoires que nous avions conquis. « Les
sacrifices de la France et le sang noblement versé
pendant cinq années dans l'Extrême-Asie allaient être
mesurés à ce taux ! Etait-ce un aveu d'impuissance
secrètement reconnue dans les plus hautes sphères
gouvernementales, ou bien l'influence de financiers
aux abois, faisant argent de l'honneur français ! (1) »
L'avenir de l'Indo-Chine française, en jeu depuis
quelques mois, allait-il être compromis ? Napoléon III,
personnellement, n'était pas partisan de la rétrocession ; le marquis de Chasseloup-Laubat et l'amiral
Rigault de Genouilly étaient des enthousiastes de
l'Indo-Chine. Mais une fraction du Parlement et surtout l'opinion publique, effrayées par cette malencon-
treuse expédition du Mexique, ne voulaient entendre
parler en aucune façon d'aventures lointaines. Alors
s'engagea entre les partisans et les ennemis de la
colonie une lutte dans laquelle un modeste lieutenant
de vaisseau se fit « le défenseur faible, mais convaincu
et opiniâtre, des fruits de la conquête. » Le succès
couronna les efforts des partisans de la colonie. Un

(1) Commandant Rieunier, *déjà cité.*

contre-ordre fut expédié au commandant Aubaret, qui revint à Saigon, après avoir rompu les négociations relatives à la rétrocession.

Le marquis de Chasseloup-Laubat remit alors à l'empereur, le 4 novembre 1864, un long mémoire dans lequel il faisait ressortir la nécessité pour la France de conserver sa nouvelle colonie : « Enfin, concluait le ministre de la marine, pour bien faire comprendre l'intérêt que j'attache aujourd'hui à cette entreprise, il faudrait dire quelle est la situation de nos anciennes colonies manquant de bras, qu'elles ne peuvent plus aller chercher sur les côtes d'Afrique, et montrer qu'il ne nous reste plus que la Cochinchine, qui peut devenir l'émule de Java et des Indes sans nous présenter les mêmes dangers.... Il suffit d'avoir rappelé ce que nous avons déjà fait, d'avoir montré notre protectorat s'étendant sur le Cambodge, les progrès accomplis, les établissements fondés, les populations soumises fidèles, enfin quelles seraient, au point de vue matériel et moral, les conséquences désastreuses d'un traité que le Gouvernement est loyalement maître de ne pas accepter, et il inutile de dire quelle cruelle atteinte en subirait notre influence, surtout dans cette partie du monde. C'est cette atteinte qui préoccupe si vivement les hommes qui sont le mieux à même d'en mesurer la portée et qui, tenant haut le drapeau de la France sur tous les points du globe, ne peuvent le voir, sans une profonde douleur, arracher du sol où ils l'ont si noblement planté (1). » Le gouvernement se prononça définitivement pour le

_____

(1) Extrait des *Premières années de la Cochinchine française.*

maintien intégral du traité du 5 juin 1862 ; cette heureuse nouvelle n'arriva à Saigon que le 29 janvier 1865.

Pendant ce temps, l'amiral de la Grandière s'efforçait de consolider l'édifice que ses prédécesseurs avaient élevé ; tout en élaborant des règlements d'administration intérieure, il traquait sans relâche les rebelles et débarrassait enfin la colonie du fameux *quan* Dinh, qui fut surpris et tué le 20 août 1864 à Kien-Phuoc, dans les environs de Gocong, par un de nos fidèles, le *dôi* Tan. Le *quan* Dinh avait été un de nos plus rudes adversaires ; Tuduc perdait en lui un des plus énergiques défenseurs de son royaume. « Pendant dix-huit mois...., cet infatigable partisan, que l'on pourrait appeler l'Abd-el-Kader de la Cochinchine, bien que sa carrière obscure ait été plus courte et moins glorieuse que celle de l'illustre émir, pendant dix-huit mois, dis-je, traqué de retraite en retraite dans les bois et dans les marais les plus inaccessibles, il réussit à déjouer nos poursuites avec une constance à laquelle il faut savoir rendre justice, même chez un ennemi (1). »

Sur ces entrefaites, l'amiral de la Grandière apprit, par un numéro du *Strait's Times* du 20 août 1864, que Norodom avait conclu avec le Siam, à notre insu, un traité postérieur à celui du 11 août 1863. Il était dit dans ce traité : le Cambodge se déclare Etat *tributaire* de Siam à qui il paie tribut et hommage et qui le protège depuis longtemps ; depuis une époque bien antérieure à la présente dynastie jusqu'au règne

(1) Du Hailly, *déjà cité.*

actuel, les rois de Siam ont toujours nommé les *gouverneurs* du Cambodge ; la *coutume* est que les *gouverneurs cambodgiens* reçoivent leur nomination de Bangkok ; à la mort d'un *gouverneur*, les Cambodgiens ne nomment donc pas eux-mêmes son successeur, mais ils en réfèrent à Siam ; le Cambodge renonce aux provinces d'Angkor, de Battambang, de Laos et de Khas, lesquelles ont appartenu à Siam depuis les temps anciens ; les provinces de Pursat et de Compong-Soai, offertes antérieurement au Siam par le Cambodge seront abandonnées au *gouverneur cambodgien* s'il se conduit bien ; dans le cas contraire elles seront reprises par le Siam (1). Ce traité était la flèche du Parthe que nous avait lancée Phnéa-Rat avant de quitter Oudong. L'amiral adressa de sévères remontrances à Norodom. Notre protégé vint s'excuser à Saigon, le 25 octobre, accompagné de M. Doudart de Lagrée ; sa présence dans la capitale de la colonie fut l'occasion de fêtes nombreuses.

Par un arrêté du 9 novembre 1864, le gouverneur créa une direction de l'intérieur ; les attributions du directeur furent les mêmes que celles de ses collègues de la Guadeloupe, de la Martinique et de la Réunion ; il avait en outre le commandement supérieur des milices qui, bien organisées et remarquablement commandées par les inspecteurs des affaires indigènes, rendirent d'inappréciables services dans les expéditions incessantes contre les rebelles et firent preuve d'un courage et d'une fidélité à toute épreuve. Appuyées par des détachements de troupes européennes, ces

_______

(1) *Explorations et missions de Doudart de Lagrée.*

milices réduisirent les insurgés qui avaient repris la campagne, dans les premiers jours de 1865, du côté de Bienhoa et de Baria. Les Annamites avaient même installé à Giaphu, à l'est du Nui-Chua-Chang, sur la route haute du Binthuan, un véritable arsenal, dont ils évacuèrent le matériel à l'approche de la colonne du commandant Delatouche.

En mars 1865, arriva à Saigon le contre-amiral Roze, commandant de la station navale des mers de Chine, chargé de remplacer par intérim l'amiral de la Grandière, appelé à Paris par le marquis de Chasseloup-Laubat, qui voulait *entendre de près une voix dévouée à la Cochinchine* (1) ; l'amiral s'embarqua le 30 mars pour France.

Le gouvernement français ayant élevé le premier roi de Siam à la dignité de grand' croix de la Légion d'honneur et le second roi à celle de grand officier, la *Mitraille* et le d'*Entrecasteaux* se rendirent à Paknam. La remise des décorations eut lieu à Bangkok, le 29 juin 1865, en présence du consul de France et des états-majors des deux bâtiments de guerre. La *Mitraille* ramena à Saigon le Préa-Keu-Féa, frère puiné de Norodom. Le roi consentait à lui servir une pension à la condition qu'il ne paraîtrait pas au Cambodge, où il comptait de nombreux partisans.

Le 27 novembre 1865, l'amiral de la Grandière revenait en Cochinchine ; il reprit avec une nouvelle ardeur ses travaux d'organisation et, le 25 février 1866, ouvrit l'Exposition de Saigon, à laquelle concoururent les colons français et les populations annamites.

_____

(1) Commandant Vial, *déjà cité*.

L'amiral n'en poursuivait pas moins la pacification du pays ; les rebelles s'étaient réfugiés sur les *giongs* de la plaine des Joncs, où Thapmuoi était leur centre de résistance ; ils avaient, en outre, élevé de nombreux forts sur toutes les routes qui, de Thapmuoi, divergeaient sur Canlô, Caibé, Mythô et Tanan. Trois colonnes, parties du Mékong et du Vaïco occidental, se dirigèrent concentriquement sur Thapmuoi, qui fut enlevé dans les derniers jours d'avril.

Au moment où l'amiral Roze avait pris le commandement de la colonie, un nouvel aventurier, Pu-Combô, entrait en scène du côté de Tayninh : dans une lettre qu'il avait adressée à l'inspecteur de Saigon, Pu-Combô prétendait être le frère de Ong-Duong, père de Norodom ; il s'était réfugié dans les forêts du Laos pour échapper, disait-il, aux poursuites des assassins qu'une favorite de Ong-Duong avait lancés contre lui. Il n'y avait pas à ajouter foi à la fable que débitait cet illuminé ; l'amiral le fit venir à Saigon, où il fut surveillé de près. Mais en juin 1866, Pu-Combô, voulant faire valoir ses prétendus droits les armes à la main, s'enfuit de Saigon et rejoignit, dans les environs de Tayninh, des rebelles Chams, Cambodgiens, Stiengs et Annamites, parmi lesquels se trouvait un des fils du *quan* Dinh. L'insurrection éclate alors de toutes parts ; le 7 juin, le capitaine de Larclauze, inspecteur de Tayninh, est tué en essayant, seul et la carabine en bandoulière, de ramener ses administrés à l'obéissance ; les secours arrivent rapidement de Saigon et le lieutenant-colonel Marchaisse organise une colonne pour châtier les rebelles ; il est tué, le 14 juin, au combat du *rach* Vinh, à quelques kilomètres au N.-O. de Tay-

ninh, et sa colonne obligée de rentrer dans le fort.
Cette malheureuse affaire augmenta la confiance des
rebelles qui nous menacèrent jusque dans Saigon et
Cholon, où des mesures extraordinaires de surveillance et de protection durent être prises. Tongkéou et
Trambang furent attaqués; les rebelles tenaient tout le
pays compris entre la rivière de Saigon et le Vaïco
oriental; ils en furent chassés par le chef d'escadrons
d'artillerie Roches, le lieutenant de vaisseau Remiot-
Lerebours et le *phu* Cà d'Hocmôn. Le 22 août, le capitaine Santerre, inspecteur de Tanan, détruisait enfin
le dernier repaire des rebelles à Binh-Thoï, près du
Benluc, où on trouva cinquante-neuf pièces de canon
en bronze.

L'effectif de la garnison de Tayninh fut alors porté
à 500 hommes sous le commandement du chef de bataillon Alleyron (1); cet officier supérieur rayonna
dans les environs de la citadelle et infligea de nombreux échecs aux rebelles, notamment à Travang
(2 juillet), au nord du Nui-Badenh et à Bavang (13 juillet). « Nos troupes..... entamèrent contre un ennemi
insaisissable, dans la boue, sous un soleil de plomb ou
des orages diluviens, une des campagnes les plus pé-
nibles qui se soient faites en Cochinchine. Dans ce
pays, où l'ennemi a vis-à-vis de nous une infériorité
notoire, il y a peu de gloire à acquérir; mais le soldat

(1) Aujourd'hui général de brigade, inspecteur général adjoint : Le commandant Alleyron fut mis à l'ordre du jour à la fin de la campagne pour
« l'intelligencé militaire, le courage et la persévérance » dont il avait fait
preuve dans l'exercice de l'important commandement que lui avait confié
l'amiral de la Grandière : ce même ordre du jour (1er septembre 1866) citait
également le capitaine adjudant-major Bégin, aujourd'hui général de brigade.

européen, énervé par le climat et les marches dans
des marais sans fin, a besoin de toute son énergie, de
tout son honneur militaire, pour ne pas s'arrêter en
route, brisé par la fatigue ou la fièvre (1). » Les rebelles furent rejetés au-delà de nos frontières.

Pu-Combô, chassé de notre territoire, se réfugia
dans le Cambodge, où de nombreux partisans vinrent
encore le rejoindre. La France devait aide et protection à Norodom : grâce à l'attitude énergique de notre
consul à Bangkok, S. M. Mongkut retint Si-Watha
au Siam et le Préa-Keu-Féa fut gardé à Saigon : ces
deux frères de Norodom ne demandaient pas mieux
que de brouiller les cartes. Norodom envoya contre le
rebelle le *kralahom* (ministre de la marine du Cambodge) qui, heureux dans ses premières opérations,
finit par se faire tuer le 18 août. « On a toujours cru
qu'il avait été tué par trahison. C'était le seul chef
capable de conduire une armée qui fût attaché au roi ;
tous les autres mandarins cambodgiens avaient déjà
entamé des négociations avec ses ennemis (2). » Notre
représentant au Cambodge, le lieutenant de vaisseau
Armand Pottier, successeur de Doudart de Lagrée,
demanda en toute hâte des renforts à l'amiral et mit
Oudong et Phnôm-Penh en état de défense ; il fallait
sauver la couronne de notre protégé, dont les partisans, conduits par le *phu* Sôc, frère du *kralahom*,
tenaient la campagne entre les deux Vaïcos. Le *phu*
Sôc s'appuyait sur le commandant Alleyron, qui de

(1) *La Cochinchine française depuis l'annexion des provinces du Sud,*
des Varannes, 1868.
(2) Commandant Vial, *déjà cité.*

Tayninh était descendu à cet effet jusqu'à Goxoai, à l'ouest de Trambang et sur la rive droite du Vaïco oriental. Ce mandarin put tenir ainsi Pu-Combô en échec et faire rentrer la province de Baphnôm sous l'autorité de Norodom. Pu-Combô paraissant s'être retiré vers le nord, le commandant Alleyron se mit à sa poursuite à travers tout le Cambodge oriental, de Tayninh à Soaichsor, sur la rive gauche du Mékong. Pu-Combô put s'échapper et vint guerroyer aux portes de Oudong et de Phnôm-Penh, où Norodom venait de s'établir. Le commandant Brière de l'Isle et le colonel Reboul, revenu en Cochinchine comme commandant supérieur des troupes, montèrent à Phnôm-Penh : le 17 décembre, le commandant Brière de l'Isle repoussa Pu-Combô qui voulait enlever Oudong; le 7 janvier 1867, le rebelle est encore battu par le colonel Reboul. Ne pouvant tenir entre Oudong et Phnôm-Penh, Pu-Combô repassa sur la rive gauche du Mékong, entre les deux Vaïcos. De ce côté, nos troupes n'étaient pas restées inactives et battaient les insurgés à Ancu, au N.-O. de Tayninh, et à Prec-nhôm, au nord du Nui-Baphnôm (7 janvier 1867).

L'amiral de la Grandière avait acquis la certitude que les rebelles annamites et cambodgiens étaient soutenus secrètement par les mandarins des provinces occidentales qui leur fournissaient les armes et les munitions. « Les papiers trouvés sur les morts et les renseignements fournis par les prisonniers ramassés sur les champs de bataille ne laissèrent plus de doute à cet égard. Pu-Combô avait été payé par les autorités annamites; celles-ci avaient fourni les vivres, l'argent, les hommes, les plans, ainsi que les barques qui portaient les fuyards dans un asile assuré et les renforts aux points vulnérables (1). » Notre colonie de Cochinchine ne pouvant prospérer avec des voisins aussi dangereux que les Annamites de Vinhlong, de Chaudoc et de Hatien, l'occupation de ces trois provinces occidentales s'imposait d'une façon absolue ; l'amiral avait déjà déclaré d'une façon nette et franche à Phan-tan-giang, que ses relations clandestines et coupables avec les rebelles nécessiteraient l'annexion des provinces restées indépendantes ; la sécurité de nos établissements exigeait impérieusement la modification dans ce sens du traité du 5 juin 1862. L'amiral envoya donc à Hué, en octobre 1866, le *Cosmao* avec le lieutenant de vaisseau Vial, directeur de l'intérieur, qui devait trancher la question à l'amiable ; les ministres de Tuduc supplièrent l'amiral de ne pas précipiter le cours des évènements et laissèrent à Phan-tan-giang le soin de poursuivre les négociations. Le trône de Tuduc chancelait : le vieux parti annamite conspirait contre ce souverain qui, à ses yeux, n'avait pas su maintenir l'intégrité de l'empire. Le roi fut obligé de rappeler à Hué, pour garder sa personne, notre ancien adversaire de Kihoa, le vainqueur de l'insurrection de Lêphung, Nguyen-tri-phuong.

L'amiral patienta quelque temps encore ; dans la suite, voulant régler définitivement la situation avec l'Annam, le *Monge* conduisait de nouveau à Hué le lieutenant de vaisseau Monet de la Marck, chargé de réclamer le paiement d'une annuité de l'indemnité de guerre et d'obtenir la cession des trois provinces

---

(1) Des Varannes, *déjà cité.*

occidentales. Les ministres de Tuduc traitèrent du rachat des provinces de Saigon, Mythô et Bienhoa ! Autant valait dénoncer le traité du 5 juin ! Il fallait agir ; c'est alors que l'amiral fit preuve d'une habileté politique consommée en préparant l'expédition dans le plus grand secret. « Il connaissait tout le danger des indiscrétions en semblable matière, et il avait fait secrètement ses préparatifs. Trois mois à l'avance, un officier dévoué avait rédigé tous les ordres, toutes les instructions et préparé toutes les cartes nécessaires pour procéder à l'occupation régulière des territoires dont la possession était devenue indispensable à notre sécurité. Il corrigea lui-même chaque projet, et tous ces papiers, non datés, furent renfermés jusqu'au moment où ils devaient être remis aux fonctionnaires chargés du commandement et de l'administration des régions que nous devions occuper.. Un ordre général prescrivait les précautions à prendre contre les diversions que nous devions prévoir dans les provinces.... Les provinces occidentales de Vinhlong, Chaudoc et Hatien étaient divisées de prime-abord en huit inspections dont le personnel et les archives devaient être rendus à leur destination au premier signal. Des cartes portaient l'indication sommaire des limites des circonscriptions administratives... (1). »

Le 18 juin 1867, l'amiral de la Grandière quitta Saigon à bord de l'*Ondine* et rallia la flottille et le corps expéditionnaire réunis à Mythô ; la flottille, sous le commandement du capitaine de frégate Galey, comprenait des avisos et des canonnières, le *Bienhoa*,

_______________

(1) Commandant Vial, *déjà cité.*

la *Hallebarde*, l'*Alarme*, le *Bourdais*, l'*Alom-Prach*, la *Mitraille*, le *Fauconneau*, la *Sagaie*, la *Fusée*, l'*Arc*, l'*Espingole*, le *Yatagan*, la *Flamberge*, le *Glaive*, la *Framée* et le *Fleuret*. Les troupes, placées sous le commandement du colonel Reboul, comprenaient 800 hommes d'infanterie de marine, la compagnie de débarquement du *Duperré*, quelques artilleurs et sapeurs du génie, 400 miliciens sous les ordres du capitaine de frégate Vial, directeur de l'intérieur, et 200 coolies. Dans la journée du 19, l'amiral avait réuni les chefs de corps et donné les ordres ; le même jour, à onze heures et demie du soir, la flottille appareillait et le 20 au matin, se présentant à l'entrée du Co-Chien en bon ordre sur une ligne de file très serrée, prenait immédiatement ses postes de combat.

L'*Ondine* vint mouiller à cent mètres d'un des bastions de la citadelle ; un aide-de-camp de l'amiral débarqua et somma la place de se rendre sans conditions ; le *kinh-luoc* (inspecteur-général) Phan-tan-giang et le *tong-doc* (gouverneur) de la citadelle se rendirent aussitôt à bord de l'*Ondine* pour y faire leur soumission. L'amiral dirigea aussitôt sur Chaudoc le capitaine de frégate Galey et le chef de bataillon Domange avec sept canonnières, à bord desquelles se trouvaient 415 soldats européens et 300 miliciens ou coolies ; le 21 juin au soir, le *tong-doc* de Chaudoc remettait les clefs de la place ; l'*Ondine* ne rejoignit que dans la soirée. En remontant le Mékong, la flottille du commandant Galey rencontra dans le Vam-nao la jonque du *tong-doc* de Hatien ; le mandarin dut monter à bord du *Bienhoa*. Le 23, le commandant

Galey quittait Chaudoc, et, enfilant le canal de Vinh-Té, débarquait le lendemain à huit heures du matin à Hatien. « En moins d'une semaine, les principaux marchés, les villages et les centres importants étaient occupés sans difficultés. Partout nos inspecteurs voyaient les maires annamites leur remettre paisiblement les cahiers d'impôts, leur confier la garde des forts et des édifices publics et abandonner ensuite leurs fonctions. En quelques jours, l'annexion était faite sans un coup de fusil... Les douanes intérieures et les fermes d'impôts iniques furent abolies le jour même de notre entrée ; le gros de nos troupes regagna Saigon, laissant des garnisons suffisantes, et le voyageur qui eût traversé ces provinces nouvelles la veille de notre prise de possession et le lendemain, n'eût rien trouvé de changé dans l'attitude calme des habitants.... Phan-tan-giang resta seul.... Il ne voulait ni rendre ni vendre son pays ; mais il avait été en Europe, il connaissait nos forces, savait la lutte impossible, et à tout prix il voulait empêcher l'effusion du sang. Il y réussit ; cependant, pour que sa mémoire fût sans tache aux yeux de ses concitoyens et de son roi, il devait périr. Il tenta inutilement de se laisser mourir d'inanition, et il attendit ainsi de longs jours, sans que son intelligence si vive parût affaiblie, sans que son sourire si fin et si triste disparût de ses lèvres. Arrivé à la dernière limite d'épuisement, il prit un peu d'opium, fit appeler les siens et quelques-uns de nos officiers qu'il aimait, recommanda solennellement à ses petits-enfants, jeunes encore, de se faire Français de cœur, et s'éteignit. Cette mort fut simple et digne. Elle termina noblement la carrière d'un homme

d'Etat et d'un patriote (1). » M. Legrand de la Liraye
partit sur le *Monge* pour faire savoir à la cour de Hué
que l'occupation des trois provinces occidentales était
un fait accompli. Les ministres de Tuduc répondirent
en demandant en échange de notre nouvelle conquête
la rétrocession de la province de Bienhoa et d'une partie de celle de Saigon !

Notre colonie de Cochinchine était définitivement
constituée : par les provinces de Chaudoc et de Hatien,
nos relations devenaient plus fréquentes et plus
intimes avec le Cambodge, que notre intérêt était de
protéger contre les envahissements du Siam. A Bangkok, le commandant Aubaret était, de la part du gouvernement siamois, l'objet de tracasseries continuelles.
L'Angleterre, l'Allemagne et les Etats-Unis, dont
les sujets étaient nombreux à Siam, voyaient avec le
plus grand dépit notre installation en Cochinchine
et créaient à notre représentant une situation difficile.
Le Siam profita de nos embarras momentanés pour
passer un traité réglant les délimitations des frontières
du Cambodge et consacrer ainsi une série d'usurpa-
tions commises depuis le XVIIIe siècle. Sur la demande
de l'amiral de la Grandière, Doudart de Lagrée rédi-
geait, le 8 janvier 1866, un mémoire qui fut transmis
aux ministres de la marine et des affaires étrangères :
dans ce mémoire, le représentant de la France au
Cambodge faisait ressortir le mal-fondé des prétentions
de Siam à la possession de Battambang, d'Angkor et
du Laos cambodgien. Malheureusement, à Paris, on
n'en tint aucun compte, et, le 15 juillet 1867, fut conclu

______

(1) Des Varannes, *déjà cité*.

entre la France et le Siam un traité qui réglait la position du Cambodge. Aux termes de ce traité, le roi de Siam reconnaissait notre protectorat sur le Cambodge ; le traité du 1er décembre 1863, entre le Siam et le Cambodge, était considéré comme nul et non avenu ; Siam renonçait à tout tribut, présents ou autre marque de vassalité de la part du Cambodge ; de son côté, la France s'engageait à ne point s'emparer de ce royaume pour l'incorporer à la Cochinchine ; Angkor et Battambang restaient à Siam ; les bâtiments sous pavillon français pouvaient naviguer librement dans les parties du Mékong et du Tonlé-Sap touchant les possessions siamoises. Ce traité ne pourra-t-il être dénoncé un jour, lorsque la France prouvera, documents historiques en main, que les frontières du Cambodge doivent être reculées à l'ouest du Tonlé-Sap et au nord du Tonlé-Repou ? Que penser, d'un autre côté, de ce protectorat exercé par le Siam sur les Phnôngs, Khas, Teupounes ou Chirayes, au nord du Sé-Sane, sur la rive gauche du Mékong ? la France tolèrera-t-elle longtemps encore le trafic honteux qui s'exerce sur les marchés de Bassac et de Stung-Streng ? N'avons-nous pas enfin un intérêt majeur à tenir le Mékong à Louang-Prabang, entre le Siam et le Tonkin ? La puissance qui tiendra Louang-Prabang sera la souveraine maîtresse de l'Indo-Chine : *Caveant consules !* Car une autre nation cherche à gagner Kyang-Hun et Kyang-Shaïn, les capitales des deux Etats Shan du Laos Birman : ce sont les deux points de passage de la route de Mandalay au Yunnan. L'installation définitive de la France sur le Haut Song-Coï et à Louang-Prabang est donc un rêve dont il ne suffit pas de caresser la réalisation..... mais au préalable il convient de dénoncer ce malencontreux traité du 15 juillet 1867 : c'est le premier pas à faire sur le Moyen-Mékong.

L'occupation des trois provinces occidentales était le mode de répression le plus efficace contre les rebelles qui n'avaient plus ni subsides, ni vivres, ni munitions, ni lieux de refuge. Cependant Pu-Combô s'obstinait encore au nord de Tayninh : l'amiral lança contre lui le Préa-Keu-Féa, auquel on fournit des armes et des munitions. Ce prince, très populaire dans le Baphnôm, réunit rapidement des partisans et força Pu-Combô à gagner le Laos en le poursuivant jusqu'aux rapides de Sombôc. Les Chams et les Stiengs rentrèrent alors paisiblement dans leurs villages et les rebelles annamites furent dispersés par les miliciens de Tayninh et de Thudaumot (juillet 1867). Trois mois après, Pu-Combô rentrait en scène sur la rive droite du Mékong, dans la province de Compong-Soai, pendant que ses partisans agitaient la province de Thbong-Khmoun, au nord de Preyveng et de Tayninh. Cet illuminé finit par tomber entre les mains des partisans de Norodom : il fut assailli dans la province de Compong-Thôm et ne succomba qu'après s'être défendu avec la plus grande énergie et criblé de blessures : sa tête apportée à Norodom fut exposée devant le palais à Phnôm-Penh.

A la même époque, les fils de Phan-tan-giang fomentaient des troubles en Basse-Cochinchine, et particulièrement dans les arrondissements de Bentré, de Soctrang et de Travinh. Le mouvement insurrectionnel le plus important eut lieu à Huong-Diêm, à Bâtri et à Baothanh, où est le tombeau de Phan-tan-giang ; les rebelles, vigoureusement traqués par les miliciens et par les canonnières qui tenaient le Balaï et le Hamlong, furent dispersés dans plusieurs rencontres et ne tardèrent pas à faire leur soumission. De nouveaux centres d'inspection furent alors installés à Mocaï, entre le Co-Chien et le Hamlong, à Canthô et à Bac-trang sur le Bassac, pour établir une surveillance plus active sur ces nouvelles provinces.

La tranquillité étant assurée en Basse-Cochinchine, le gouverneur se rendit dans les premiers jours de janvier 1868 au Cambodge, où il donna de sages conseils à Norodom qui, délivré de Pu-Combô, était en train de réorganiser son royaume et sa capitale ; l'amiral remonta même le Mékong jusqu'à Compong-Tiam, dans la province de Compong-Soai, où il visita les ruines de Nokor-Watt, contemporaines de celles d'Angkor. Il reçut en passant la visite du Préa-Keu-Féa, *chaufai* (gouverneur) de la province de Peam-Chelang ; l'amiral obtint de Norodom que ce prince vint résider à Phnôm-Penh avec le titre de second roi. Norodom devait bien cette concession à son frère puiné qui l'avait débarrassé de Pu-Combô.

De retour à Saigon, l'amiral reçut, le 25 janvier, des ambassadeurs de Tuduc, débarqués du steamer annamite la *Ville de Hué*. Il s'ouvrit au Gouvernement une série de conférences, à laquelle assistèrent, sur l'ordre exprès de l'amiral, plusieurs fonctionnaires indigènes dévoués à notre cause, tels que le *phu* Ba-tuong, le *lan-binh* (général de milice) Tân, le *phu* Loc et le *phu* Truc. Les propositions des Annamites étaient inacceptables ; ils réclamaient les provinces de

Saigon et de Bienhoa ; l'administration des indigènes aurait été remise aux mandarins de Tuduc, et la
France n'aurait tenu garnison que dans les grands
centres ; l'amiral rompit les conférences en déclarant
aux envoyés de Tuduc qu'il ne pouvait être question
de rétrocession. Le 4 avril 1868, l'amiral de la Grandière s'embarquait pour la France et était remplacé par
le contre-amiral Ohier.

L'amiral de la Grandière espérait revenir en Cochinchine : « Malheureusement sa santé, épuisée par le
travail et un long séjour sous un ciel meurtrier, ne le
lui permit pas ; mais sur la terre de France, où l'accompagnaient les regrets et sympathies des habitants
de la Cochinchine, il put mourir avec la consolation
d'avoir fait une œuvre complète. Il avait organisé
l'administration, la justice, les finances, reconstitué
les milices indigènes, ouvert des écoles dans tous les
centres de population ; en un mot, il avait été le créateur du système qui, pendant près de vingt ans, a régi
la Cochinchine et lui a donné la prospérité dont elle
jouit (1). »

Le nouveau gouverneur venait à peine d'entrer en
fonctions que, le 1er mai, eut lieu l'échauffourée de
Mythô ; quelques pirates, qui avaient escaladé pendant la nuit les murs de la citadelle, furent promptement dispersés. Le mois suivant, la garnison du
Rachgia, surprise, était entièrement massacrée. Les
rebelles, qui s'étaient d'abord réfugiés au Nui Hôn-
chông, près de Hatien, gagnèrent ensuite Phuquoc,
où ils furent bloqués par l'aviso le *Goëland*. Le *lanh*

_______________

(1) Abbé Launay, *déjà cité.*

*binh* Tân, débarqué à Hâmninh avec une centaine de miliciens, attaqua vigoureusement et captura le chef des rebelles, le *quan* Truc, qui fut jugé et exécuté.

Tout parut rentrer dans le calme; le 10 décembre, Norodom arrivait même à Saigon, annonçant que la mort de S. M. Mongkut, arrivée le 1er octobre 1868, le déliant de toutes les attaches qui pouvaient encore le retenir à Siam, il promettait de rester fidèle à la politique française en Indo-Chine.

Quelques jours après, un autre mouvement se produisait sur le haut Song-Bê; les inspecteurs des affaires indigènes le réduisirent promptement. Des colonnes mobiles de miliciens parcoururent le pays jusqu'à Phuoclinh et Brelum, au milieu des forêts des Stiengs. L'amiral Ohier qui avait la preuve que tous ces mouvements insurrectionnels étaient, sinon ordonnés, du moins conseillés par la cour de Hué, adressa de sévères admonestations à Tuduc qui, se trouvant encore menacé d'une révolte au Tonkin, reconnut la légitimité de nos griefs et fit savoir qu'il avait fait exécuter le fauteur des insurrections de 1867 et de 1868; le fait est qu'aucune agitation ne se produisit l'année suivante.

En mai 1870, la nouvelle de la mort du fils du *quan* Dinh parvint en Cochinchine; l'inspecteur de Tayminh et le *lanh-binh* Tân parcoururent alors tous les villages cambodgiens et stiengs de la frontière septentrionale. Ils y apprirent effectivement que le fils du *quan* Dinh avait été assassiné par les Cambodgiens; le reste des rebelles annamites périssait misérablement dans les bois.

Le 2 juillet, un aviso siamois amena à Saigon deux

ambassadeurs du roi Chulalonkorn qui venaient régler avec l'amiral Cornulier de Lucinière la convention relative à la délimitation des frontières du Cambodge. Le traité du 15 juillet 1867 avait arrêté les bases de cette convention : l'amiral n'eut donc qu'à se conformer à la décision prise trois ans avant par le Gouvernement.

En ce moment arriva la nouvelle de la déclaration de guerre entre la France et l'Allemagne : la colonie fut mise en état de siège et des forts élevés à l'entrée du Soirap et de la rivière de Saigon. Le gouvernement de Hué, en apprenant nos désastres, renouvela auprès de l'amiral Cornulier sa demande de rétrocession des six provinces de la Basse-Cochinchine, car, écrivait le ministre des affaires étrangères annamite, « l'amiral devait avoir hâte d'aller défendre sa patrie. » Sa demande ne fut naturellement pas écoutée.

Tuduc ne perdait pas l'espoir de rentrer en possession de ses provinces perdues : il fallut le traité du 15 mars 1874, conclu à la suite de notre intervention au Tonkin, pour amener le vieux monarque à reconnaître définitivement notre souveraineté sur les provinces occidentales, occupées sept ans auparavant par l'amiral de la Grandière.

Dès 1863, le lieutenant de vaisseau Francis Garnier, arrivé en Cochinchine avec l'amiral Charner et devenu inspecteur des affaires indigènes à Cholon, faisait ressortir les avantages immenses que la France était susceptible de recueillir, si sa colonie naissante devenait le débouché des produits de l'Indo-Chine. Le Mékong, d'après les renseignements vagues que l'on possédait alors, semblait devoir être le grand *chemin*

*qui marche tout seul*, la grande artère commerciale
que devaient suivre les riches marchandises de l'intérieur de la presqu'île (1). Le marquis de Chasseloup-
Laubat, qui pressentait la grandeur future de nos
établissements en Extrême-Orient, accueillit et fit
adopter les propositions que Francis Garnier avait dé-
veloppées dans sa brochure, la *Cochinchine française
en 1864*. L'exploration du cours du Mékong fut décidée
et le commandement de l'expédition confié au capitaine de frégate Doudart de Lagrée, notre représentant au Cambodge. Le personnel comprenait encore
l'enseigne de vaisseau Delaporte, les docteurs Joubert
et Thorel, et un attaché du ministère des affaires
étrangères, M. de Carné. Tous ceux qui s'intéressent
un peu à l'expansion coloniale de leur pays ont lu la
relation de ce grand voyage. C'est à Yuen-Kyang que
l'expédition découvrit la branche occidentale du Hoti-
Kyang (le Song-Coï des Annamites) ; et, pendant que
le commandant Doudart de Lagrée remontait au nord
vers Linngan, Francis Garnier descendait par ordre
le Hoti-Kyang pour en faire la reconnaissance. Malheureusement, ses sampaniers refusèrent absolument
d'affronter de dangereux rapides en aval de Poupio et
Francis Garnier dut à regret rejoindre son commandant à Linngan. Mais les renseignements qu'il avait
pu recueillir lui permettaient d'affirmer l'existence,
plus à l'est de Poupio, du marché de Montze et surtout
du marché de Manghao, où le Hoti-Kyang commençait à devenir navigable. Le commandant de Lagrée

(1) Dès 1777 cependant, comme on a pu le voir dans un des premiers
chapitres de l'ouvrage, le P. Boivet signalait le Yunnan comme le point
origine du Mékong.

14

écrivait en effet de Yunnan, à la date du 6 janvier 1868, au vice-amiral gouverneur de la Cochinchine : « Quand nous avons quitté le bassin du Mékong, pour entrer dans celui du Song-Coï, nous avons traversé deux branches secondaires de ce fleuve. A Youen-Kiang, nous rencontrions la branche principale à un niveau très abaissé (moins de 400 mètres d'altitude) par rapport à celui des plateaux de Yunnan. Une question de la plus haute importance se présentait ici : où commence la navigabilité du Song-Coï ? Peut-il servir de voie de communicaʹion commerciale entre le Tonkin et le bas Yunnan ? Afin de résoudre cette question, pendant que la Commission se dirigeait directement sur Linngan, j'envoyai M. Garnier en exploration sur la rivière avec ordre de prendre des informations et de nous rejoindre à Linngan. Par suite du mauvais vouloir des populations, cet officier n'a pu descendre que jusqu'à une distance de 40 milles ; mais *les renseignements qu'il a pris, et ceux que j'ai recueillis moi-même, nous suffisent. A six journées au S. S.-E. de Linngan, se trouve le marché renommé de Manghao, à partir duquel le Song-Coï est navigable jusqu'à la mer.* A ce marché, qui est encore sur le territoire du Yunnan, et à quelques autres situés en aval sur terre tonkinoise, affluent des Laotiens, des habitants du Yunnan et du Kouang-Si, des indigènes des montagnes, et des Chinois de Canton, qui y apportent par voie de mer des marchandises européennes. *L'affirmation de cette route sera, certainement, un des plus utiles résultats de notre voyage*(1). »

(1) *Lettres d'un Précurseur; Doudart de Lagrée au Cambodge et en Indo-Chine,* Félix Jullien, 1886.

Les membres de l'expédition signalèrent cette découverte à M. Dupuis, négociant français, qu'ils rencontrèrent à Hankéou, sur le Yang-tsé-Kyang : cette communication détermina notre hardi compatriote, établi en Chine depuis 1859, à tenter la voie du Hoti-Kyang pour communiquer avec le maréchal Mâ au Yunnan. Les conséquences de la réalisation de ce projet furent la cause de notre intervention au Tonkin : cette phase de notre histoire coloniale a été racontée par des historiens plus indépendants et surtout plus autorisés. Les divers événements qui se déroulèrent alors dans le delta du Song-Coï amenèrent la France à conclure avec l'Annam le traité du 15 mars 1874 : Tuduc acceptait notre protectorat, autorisait l'installation de trois consuls et d'un résident français sur le territoire de son royaume et reconnaissait l'occupation des trois provinces occidentales. Nous ne voulons retenir des clauses de ce document diplomatique que la sanction de l'acte accompli en juin 1867 par l'amiral de la Grandière. Certes, au début, la tâche des amiraux Charner, Page et Bonard a été glorieuse ; celle de l'amiral de la Grandière a été non moins féconde en résultats. Il est en effet bien difficile de ne pas reconnaître que cet officier général a ouvert à la France les portes de l'Extrême-Orient ; car c'est sous son gouvernement et sur son initiative que se sont accomplis les principaux actes de notre histoire en Indo-Chine : établissement du protectorat du Cambodge, occupation des provinces occidentales, voyage d'exploration du Mékong. L'origine même de la question du Tonkin remonte, comme on l'a vu plus haut, en janvier 1868. L'histoire des voies et moyens employés pour obtenir le débouché commercial reconnu nécessaire pour notre colonie par l'amiral de la Grandière n'est pas de notre compétence : les divers événements qui se sont succédé depuis l'arrivée de Francis Garnier au Tonkin sont encore trop récents et les passions encore trop vives.

La création d'un empire indo-chinois, tel est le but vers lequel doivent tendre actuellement tous nos efforts ; la solution des quelques questions de forme purement administrative, qui semblent faire obstacle à la réalisation de l'unité indo-chinoise, devrait être exclusivement réservée à l'examen de plusieurs personnalités que leurs services antérieurs et leur grande expérience des choses de l'Indo-Chine recommandent tout spécialement à l'attention du Gouvernement.

Quelques esprits éclairés redoutent pour notre nouvel empire le voisinage de la Chine et, à l'appui de leur thèse, font ressortir, en les exagérant, les causes de dissentiment susceptibles d'éclater entre la Chine et la France. Il est sage, sans nul doute, de sonder l'avenir ; mais il ne convient pas non plus de se montrer trop pessimiste car « pour agir sur l'Empire, deux États seront toujours mieux placés que la France : la Russie et l'Angleterre ; la Russie qui, depuis deux siècles, touche à la Chine par la Sibérie, descend dans la Mandchourie par ses marchands, intrigue dans la Corée par ses diplomates ; l'Angleterre, établie sur les côtes mêmes de la Chine, dans cette île de Hong-Kong qui n'est qu'un magasin, incessamment renouvelé de produits britanniques ; voisine encore de la Chine par ses possessions de la Birmanie et des Indes (1). »

_______

(1) *Le conflit franco-chinois*, Guillon, 1885.

Ces mêmes esprits ne craignent pas d'avancer encore que notre situation politique en Europe ne nous permet pas de poursuivre la réalisation du rêve caressé par tous les gouvernements de la France depuis la perte de l'Inde. M. Dabry de Thiersant, auquel son long séjour en Extrême-Orient donne une autorité incontestable en pareille matière, répond à l'objection : « Des esprits éclairés, justement préoccupés de la situation politique de l'Europe, craignent que le moment ne soit pas opportun pour fonder des établissements coloniaux, et auraient préféré que le gouvernement de la République, au lieu d'éparpiller nos forces, employât tous ses efforts pour les maintenir sous sa main. Nous ne nions pas que l'horizon ne soit chargé de nuages ; mais l'est-il plus qu'hier ? Peut-on affirmer que ces millions d'hommes armés jusqu'aux dents seront disposés demain plus qu'aujourd'hui à s'entr'égorger pour satisfaire leurs rancunes et leur ambition ? Chaque peuple a trop d'embarras intérieurs, sans compter les périls de la question sociale, pour ne pas désirer la continuation de la paix... Nous pourrons sans crainte de l'avenir poursuivre énergiquement et résolument la grande œuvre qui est appelée à nous procurer un empire de 50 à 60 millions d'habitants facilement gouvernables, une immense étendue de territoire d'une fertilité incomparable, des ressources sans nombre aisément exploitables, des débouchés d'une importance incalculable pour notre commerce et notre industrie, une situation dans l'Extrême-Orient excellente au point de vue stratégique et politique... (1) »

(1) *Nos intérêts dans l'Indo-Chine*, 1884.

Nous ne pourrions mieux terminer notre étude qu'en rappelant l'opinion de Henri Martin sur les avantages de la création d'un empire français en Indo-Chine : « *Il dépend de la France de trouver là quelque compensation pour la perte de cette autre Inde, que voulait nous donner au XVIII$^e$ siècle le grand Dupleix, et un large équivalent de ce que sont Java et les autres îles de la Sonde pour les Hollandais, avec le commerce de la Chine occidentale en plus* (1). » En avant donc !

(1) *Histoire de France.*

FIN

# TABLE

—

Nantes, imprimerie MEYNIEU, rue Santeuil, 2.

PARIS

CHALLAMEL AINÉ, LIBRAIRE-ÉDITEUR

5, Rue Jacob, 5

www.ingramcontent.com/pod-product-compliance
Ingram Content Group UK Ltd.
Pitfield, Milton Keynes, MK11 3LW, UK
UKHW020154130726
13696UKWH00002B/502